中国交通运输应急管理发展报告

（2023）

主 编／潘凤明 陈 轩
副主编／马晋欣 虞丽云 马 楠 毛延峰 赵明远

社会科学文献出版社
SOCIAL SCIENCES ACADEMIC PRESS (CHINA)

《中国交通运输应急管理发展报告（2023）》
编写指导委员会

主 任 委 员　洪　毅

副主任委员　（以姓氏笔画为序）

　　　　　　　马宝成　王　浩　王亚非　王沁林　冉进红
　　　　　　　闪淳昌　刘铁民　李　季　杨庆山　杨泉明
　　　　　　　吴　旦　余少华　应松年　沈晓农　陈兰华
　　　　　　　范维澄　周国平　郑国光　钱建平　徐海斌
　　　　　　　薛　澜

秘 书 长　钟开斌

委　　　员　（以姓氏笔画为序）

　　　　　　　孔祥涛　史培军　朱旭东　全　勇　刘国林
　　　　　　　孙东东　李　明　李　京　李雪峰　李湖生
　　　　　　　吴宗之　何国家　张　强　张成福　张海波
　　　　　　　周科祥　高小平　黄盛初　寇丽萍　彭宗超
　　　　　　　程晓陶　程曼丽　曾　光

《中国交通运输应急管理发展报告（2023）》编辑委员会

主　编　潘凤明　陈　轩

副主编　马晋欣　虞丽云　马　楠　毛延峰　赵明远

成　员　（按姓氏笔画排序）

　　　　王广超　王轩雅　王儒骏　尹曦辉　石安琪
　　　　田　鑫　刘广强　刘　畅　江睿南　许冬轩
　　　　孙　莹　孙维维　张夕然　张东旭　张恒通
　　　　张　健　张　浩　张　瑞　张　鹏　陈利人
　　　　邵　月　季传良　周　炜　赵　娟　赵越超
　　　　姜慧夫　贺　帅　耿　红　翁大涛　高国庆
　　　　郭建军　展艺桓　曹　巍　滕　珊

主编简介

潘凤明 交通运输部科学研究院副院长，研究员。中国应急管理学会交通运输应急管理工作委员会主任委员、中国城市公共交通协会碳分会副会长。主要从事平安交通、智慧交通、低碳交通领域研究和咨询工作，重点是交通信息化、安全应急、水路运输、绿色交通等领域的研究和咨询，主持或参与完成国家、省部级重大科研和咨询项目20余项，主持或参与撰写10余项交通运输行业相关战略、政策、标准。获省部级科技进步奖5项。在核心期刊发表学术论文10余篇，授权发明专利2项，授权实用新型专利7项，主编或参编专业著作5部。

陈 轩 交通运输部科学研究院交通运输安全研究中心总工，研究员。中国应急管理学会理事、中国应急管理学会交通运输应急管理工作委员会秘书长、中国航海学会救捞专业委员会副主任委员、国家核应急协调委专家委员会委员、国家海上突发事件咨询专家等。主要从事交通运输突发事件应急管理、水运危化品事故应急技术、水上交通安全等方面的研究。出版学术著作6部，发表论文20余篇、内参多篇。主持和参与完成国家、省部级重大科研和咨询项目30余项，负责和参与国家标准、行业标准10余项，获得省部级科技进步奖10项。

前　言

2021年2月，党中央、国务院印发了《国家综合立体交通网规划纲要》，这是我国历史上第一个由党中央、国务院发布的中长期综合交通运输规划纲要，是指导交通强国建设的又一纲领性文件，与《交通强国建设纲要》一道，共同为加快建设交通强国描绘了宏伟蓝图。2022年党的二十大胜利召开，这是全党全国各族人民迈上全面建设社会主义现代化国家新征程、向第二个百年奋斗目标进军的关键时刻召开的一次十分重要的大会。报告用专章部署推进国家安全体系和能力现代化建设，强调把维护国家安全贯穿党和国家工作各方面全过程，为新时代应急管理事业发展指明了方向。

应急管理是国家治理体系和治理能力的重要组成部分，承担防范化解重大风险、及时应对处置各类突发事件的重要职责，担负保护人民群众生命财产安全和维护社会稳定的重要使命。两年来，交通运输系统认真深入学习贯彻习近平总书记关于应急管理重要论述，按照党中央、国务院决策部署，全力防控交通运输重大安全风险，奋力推进交通运输应急管理体系和能力现代化。

本报告系统总结了2021~2022年交通运输各领域应急管理工作取得的成效，阐述了铁路、公路、水路、民航、邮政等领域在全面落实习近平总书记关于应急管理重要论述、加强应急能力建设、应对各类交通运输突发事件等方面的重大举措，解读交通运输系统制定的应急管理重要政策文件，并介绍了行业专家对交通运输应急管理工作的相关观点。

本报告由中国应急管理学会交通运输应急管理工作委员会组织，交通运输部科学研究院牵头，国家铁路局安全技术中心、中国民航科学技术研究院、交通运输部路网监测与应急处置中心、国家邮政局邮政业安全中心等单位参与，共同编写完成。本报告由潘凤明、陈轩主编，马晋欣、郭建军、张鹏负责铁路领域的编写工作；虞丽云、高国庆、尹曦辉、张恒通、赵越超、石安琪、孙莹、展艺桓负责公路领域的编写工作；陈轩、马楠、翁大涛、王儒骏、滕珊、贺帅、曹巍负责海上搜救领域的编写工作；毛延峰、王广超、陈利人、张健负责民航领域的编写工作；赵明远、刘畅、张浩负责邮政领域的编写工作。交通运输部科学研究院、交通运输部公路科学研究院、徐工集团等单位的专家提供了政策建言。陈轩、马楠、张东旭、赵娟、邵月、江睿南等负责全文统稿。

本报告中，铁路领域统计数据来自国家铁路局安全技术中心、国家铁路局政府网站；公路领域数据来源于交通运输部路网监测与应急处置中心；海上搜救领域数据来自中国海上搜救中心；民航领域数据来自中国民航科学技术研究院；邮政领域数据来自国家邮政局邮政业安全中心。中国海上搜救中心等单位给予了大力支持和帮助，在此表示衷心感谢！

由于资料所限，本报告未包括香港、澳门特别行政区以及台湾地区交通运输应急管理情况。

目 录 <<<

第一章 交通运输应急管理发展历程 ……………… / 001
  第一节 铁路领域 ……………………………………… / 003
  第二节 公路领域 ……………………………………… / 006
    （一）公路突发事件应急预案 ……………………… / 006
    （二）公路突发事件应急处置日常管理机构 ……… / 007
    （三）公路应急联动机制建设 ……………………… / 008
    （四）公路应急能力建设 …………………………… / 009
  第三节 海上搜救领域 ………………………………… / 011
    （一）我国海上搜救的体制沿革 …………………… / 011
    （二）我国海上搜救的法制预案体系建设历程 …… / 013
    （三）我国海上搜救的主要力量 …………………… / 014
    （四）我国海上搜救的通信及信息传送能力 ……… / 015
    （五）我国海上搜救的主要成绩和事业展望 ……… / 016
  第四节 民航领域 ……………………………………… / 017
    （一）中国民航应急管理工作发展历程 …………… / 017

（二）中国民航应急管理工作现状……………………／018
　　（三）民航应急管理法制体系建设情况………………／021
　　（四）新形势下民航应急救援和管理工作的特点
　　　　　与展望…………………………………………／025
第五节　邮政领域………………………………………／026
　　（一）建立健全应急管理体制…………………………／026
　　（二）完善邮政业应急管理法制预案体系……………／027
　　（三）做好行业运行监测和应急保障工作……………／028
　　（四）提升技术保障能力………………………………／028

第二章　2021~2022年交通运输应急管理发展概况……／031
第一节　总体情况………………………………………／033
　　（一）应急管理体系建设稳定发展……………………／033
　　（二）应急能力建设持续加强…………………………／034
第二节　铁路领域………………………………………／036
　　（一）坚决贯彻落实习近平总书记重要指示批示
　　　　　精神和党中央、国务院决策部署……………／037
　　（二）加强铁路应急管理顶层设计……………………／038
　　（三）完善法规制度体系………………………………／039
　　（四）完善行业标准体系………………………………／040
　　（五）健全应急预案体系………………………………／041
　　（六）强化安全风险防控………………………………／042
　　（七）加强突发事件处置………………………………／044
　　（八）健全协调联动机制………………………………／045

（九）加强突发事件应急演练……………………… / 046
　（十）提升科技保障水平…………………………… / 047
第三节　公路领域…………………………………… / 048
　（一）研究构建科学完备的交通运输应急管理
　　　　体系………………………………………… / 048
　（二）毫不放松抓好新冠疫情常态化防控………… / 049
　（三）提升系统全面的风险防控能力……………… / 049
　（四）增强现代高效的应急处置能力……………… / 050
第四节　海上搜救领域……………………………… / 052
　（一）坚持系统观念，海上搜救应急体系进一步
　　　　健全………………………………………… / 055
　（二）坚持能力优先，海上搜救应急能力进一步
　　　　提升………………………………………… / 057
　（三）坚持统筹协同，海上搜救应急合力进一步
　　　　凝聚………………………………………… / 059
　（四）坚持开放合作，海上搜救应急国际影响进
　　　　一步增强…………………………………… / 060
第五节　民航领域…………………………………… / 061
　（一）典型突发事件应对情况……………………… / 061
　（二）加强应急管理工作情况……………………… / 063
第六节　邮政领域…………………………………… / 068
　（一）树立安全发展理念…………………………… / 068
　（二）提升安全生产治理能力……………………… / 069
　（三）推进平安寄递建设…………………………… / 069

（四）夯实安全保障基础……………………………………… / 070
（五）增强应急管理能力……………………………………… / 070
（六）完成寄递安保任务……………………………………… / 071

第三章 交通运输应急管理制度和标准规范体系建设 …… / 073
第一节 铁路领域………………………………………………… / 075
（一）《关于加强铁路沿线安全环境治理工作的
意见》………………………………………………… / 075
（二）《关于加强铁路自然灾害监测预警工作的
指导意见》…………………………………………… / 079
（三）《铁路危险货物运输安全监督管理规定》……… / 081
第二节 公路水路领域…………………………………………… / 082
（一）《交通运输部等二十三个部门和单位关于进一步
加强海上搜救应急能力建设的意见》……………… / 082
（二）《交通运输突发事件应急预案管理办法》……… / 086
（三）交通运输部《关于加强交通运输应急管理
体系和能力建设的指导意见》……………………… / 087
（四）《国家重大海上溢油应急能力发展规划
（2021—2035年）》………………………………… / 088
（五）《国家区域性公路交通应急装备物资储备
中心布局方案》……………………………………… / 094
（六）《关于加强第一次自然灾害综合风险公路水路
承灾体普查成果应用的指导意见》………………… / 095
第三节 民航领域………………………………………………… / 096
（一）《民用航空器事件技术调查规定》修订背景…… / 096

（二）修订的重要意义……………………………………/ 097
　　（三）主要修订内容………………………………………/ 099
第四节　邮政领域………………………………………………/ 100
　　（一）《国家邮政业突发事件应急预案》…………………/ 100
　　（二）《邮政企业、快递企业安全生产主体责任
　　　　　落实规范》……………………………………………/ 102
　　（三）《邮政企业、快递企业安全生产管理体系
　　　　　建设指南》……………………………………………/ 104

第四章　交通运输应急管理创新案例和典型成果…………/ 105
第一节　铁路领域………………………………………………/ 107
　　（一）高速铁路调度指挥实时风险分析预警
　　　　　及主动控制理论与关键技术…………………………/ 107
　　（二）中国首台高铁救援起重机获国家铁路局
　　　　　行政许可…………………………………………………/ 108
第二节　公路水路领域…………………………………………/ 109
　　（一）交通运输部公路水路应急指挥和调度系统………/ 109
　　（二）公路隧道突发事件应急预案编制导则……………/ 110
　　（三）浙江省海上智控平台建设…………………………/ 111
　　（四）大型船舶原油溢油情景构建及应对
　　　　　策略研究…………………………………………………/ 112
第三节　民航领域………………………………………………/ 113
　　（一）航空器消防救援真火实训系统建设规范…………/ 114
　　（二）航空器真火实训系统………………………………/ 116
第四节　邮政领域………………………………………………/ 117

（一）邮政寄递渠道安全监管"绿盾"工程……………… / 117
（二）平安员………………………………………………… / 118

第五章 交通运输典型突发事件应急处置案例和应急演练……………………………………………… / 121

第一节 铁路领域………………………………………………… / 123
（一）突发事件处置………………………………………… / 123
（二）应急演练……………………………………………… / 125

第二节 公路领域………………………………………………… / 129
（一）突发事件应急处置（四川泸定6.8级地震应急处置）…………………………………………… / 129
（二）应急演练（北京冬奥会极端天气综合交通保障应急联动演练）………………………………… / 130

第三节 海上搜救………………………………………………… / 131
（一）突发事件处置………………………………………… / 131
（二）应急演练……………………………………………… / 143

第四节 民航领域………………………………………………… / 147
（一）突发事件处置………………………………………… / 147
（二）应急演练……………………………………………… / 151

第五节 邮政领域………………………………………………… / 152
（一）突发事件处置………………………………………… / 152
（二）应急演练……………………………………………… / 154

第六章 国外交通运输应急管理概况及典型案例分析……… / 161
第一节 国外应急管理体系概况………………………………… / 163

（一）美国应急管理体系⋯⋯⋯⋯⋯⋯⋯⋯⋯⋯⋯⋯⋯⋯ / 163

　　（二）日本应急管理体系⋯⋯⋯⋯⋯⋯⋯⋯⋯⋯⋯⋯⋯⋯ / 165

　　（三）经验分析⋯⋯⋯⋯⋯⋯⋯⋯⋯⋯⋯⋯⋯⋯⋯⋯⋯⋯ / 167

　第二节　国外铁路应急管理概况及典型案例分析⋯⋯⋯⋯ / 168

　　（一）国外铁路应急管理概况⋯⋯⋯⋯⋯⋯⋯⋯⋯⋯⋯⋯ / 168

　　（二）国外铁路典型案例分析⋯⋯⋯⋯⋯⋯⋯⋯⋯⋯⋯⋯ / 171

　第三节　国外海上溢油应急管理概况⋯⋯⋯⋯⋯⋯⋯⋯⋯ / 173

　　（一）美国溢油应急管理现状⋯⋯⋯⋯⋯⋯⋯⋯⋯⋯⋯⋯ / 173

　　（二）英国溢油应急管理现状⋯⋯⋯⋯⋯⋯⋯⋯⋯⋯⋯⋯ / 176

　　（三）澳大利亚溢油应急管理现状⋯⋯⋯⋯⋯⋯⋯⋯⋯⋯ / 178

第七章　专家观点⋯⋯⋯⋯⋯⋯⋯⋯⋯⋯⋯⋯⋯⋯⋯⋯⋯⋯ / 183

　第一节　推进交通运输应急管理体系和能力现代化路径
　　　　　分析⋯⋯⋯⋯⋯⋯⋯⋯⋯⋯⋯⋯⋯⋯⋯⋯⋯⋯⋯ / 185

　　（一）国家对交通运输应急管理工作的要求⋯⋯⋯⋯⋯⋯ / 186

　　（二）应急管理体系和能力的含义分析⋯⋯⋯⋯⋯⋯⋯⋯ / 187

　　（三）"现代化"的要求⋯⋯⋯⋯⋯⋯⋯⋯⋯⋯⋯⋯⋯⋯ / 188

　　（四）推进交通运输应急管理体系和能力现代化的
　　　　　对策建议⋯⋯⋯⋯⋯⋯⋯⋯⋯⋯⋯⋯⋯⋯⋯⋯⋯ / 189

　第二节　基于Euroferry Olympia轮等客滚船火灾事故的
　　　　　思考与建议⋯⋯⋯⋯⋯⋯⋯⋯⋯⋯⋯⋯⋯⋯⋯⋯ / 195

　　（一）典型客滚船火灾事故概况⋯⋯⋯⋯⋯⋯⋯⋯⋯⋯⋯ / 195

　　（二）客滚船火灾事故特征分析⋯⋯⋯⋯⋯⋯⋯⋯⋯⋯⋯ / 198

　　（三）客滚船安全管理及火灾应急对策建议⋯⋯⋯⋯⋯⋯ / 201

　第三节　道路运输多车碰撞事故深度分析及对策思考⋯⋯ / 204

（一）道路运输事故新形态研判与分析……………………/ 205
（二）多车碰撞事故原因深度分析……………………………/ 206
（三）多车碰撞事故影响深度分析……………………………/ 207
（四）道路运输事故防控与应急处置建议……………………/ 207
第四节 "用科技守护生命"，打造"专常兼备、
　　　　平战结合"的高机动道路抢通装备……………/ 210
（一）引言………………………………………………………/ 210
（二）现状问题分析……………………………………………/ 211
（三）国际技术装备研发趋势…………………………………/ 212
（四）抢通技术装备研发建议…………………………………/ 213
（五）应急管理体系改进需求…………………………………/ 215

…

第一章
交通运输应急管理发展历程

交通运输应急管理工作可以追溯到 20 世纪 70 年代。1973 年希腊籍船舶"波罗的海克列夫"轮在台湾海峡沉没，国务院、中央军委联合发文成立"全国海上安全指挥部"，负责统一部署和指挥海上船舶防台风、防止船舶污染海域、防冻破冰以及海难救助工作。2003 年，在取得抗击非典胜利后，党和政府全面加强应急管理工作，大力推进以"一案三制"（应急预案和应急管理体制、应急管理机制、应急管理法制）为核心内容的国家应急管理体系建设。党的十八大以来，以习近平同志为核心的党中央站在推进国家治理体系和治理能力现代化的战略高度，从实现"两个一百年"奋斗目标和中华民族伟大复兴中国梦的战略全局，全面谋划部署应急管理工作，提出应对处置各类灾害事故的能力。在党中央、国务院的坚强领导下，各级交通运输部门坚持以人民为中心的发展思想，以"一案三制"建设为核心，持续推进交通运输应急管理体系发展和能力建设，有力应对了交通运输领域重大安全风险挑战，有效开展了各类突发事件交通运输服务保障，应急管理能力水平不断提高。

第一节　铁路领域

我国铁路应急管理随着国家应急管理的发展而发展，2003 年以前，铁路应急管理理论研究和实践主要集中在事故预防和处置救援方面，颁布实施了《铁路法》等，制定了一系列安全管理规章制度，铁路行车事故救援方法与理论等方面取得了重要成果。2003 年之后，铁路领域全面开展应急管理工作，逐步建立完善应急管理体制机制以及应急预案和规章制度体系，2006年，根据国务院办公厅公布实施的国家专项应急预案——《国家处置铁路行车事故应急预案》，铁道部制定实施铁路防洪、破坏性地震、地质灾害、交通伤亡事故、火灾事故、危险化学品运输、网络与信息安全事故、突发公共卫生事件、处置群体性事件等部门应急预案；2007年，根据国务院颁布实施的《铁路交通事故应急救援和调查处理条例》，铁道部颁布实施了《铁路交通事故应急救援规则》《铁路交通事故调查处理规则》，铁路三级应急管理机构基本建立，铁路信息化建设逐步推进，铁路应急保障能力建设逐步加强，铁路应急管理工作取得初步成效；2008年，针对南方雪灾、"4·28"胶济铁路特别重大交通事故、汶川大地震等特别重大突发事件对铁路应急管理能力带来的挑战和铁路突发事件特点，铁路部门和企业深入开展铁路应急管理理论和实践研究，进一步健全应急管理体制机制，完善三级应急预案体系和各类突发事件防范与处置机制，全面强化应对自然灾害的措施，加大铁路交通事故的防范力度，启动了铁路应急平台、防灾监控监测系统、应急培训基地等重点项目建设，铁路应急管理水平得到较大提升。

党的十八大以来，铁路管理体制持续优化，2013年3月，国务院实施铁路政企分开改革，撤销铁道部，组建国家铁路局和中国铁路总公司。十年来，铁路部门和企业深入贯彻落实习近平总书记关于安全生产和应急管理的一系列重要论述和指示批示精神，牢固树立安全发展理念，积极构建人防、物防、技防安全保障体系，为铁路安全持续稳定提供了有力支撑。

第一章　交通运输应急管理发展历程

一是铁路行业法律法规体系不断健全。《铁路法》《铁路交通事故应急救援和调查处理条例》修订工作取得阶段性进展，《铁路安全管理条例》《高速铁路安全防护管理办法》等法规、规章或规范性文件发布实施，35部铁路安全地方性法规、规章陆续颁布实施，为铁路应急管理工作奠定了法制基础。

二是铁路行业应急预案体系基本形成。铁路监管部门建立了国家铁路局、地区铁路监督管理局两级应急预案体系，铁路企业普遍建立了集团总部、集团公司、站段（分公司）三级应急预案体系，地方政府普遍建立了省、市、县、乡四级应急预案体系，为有效预防和妥善处置各类铁路突发事件奠定了预案基础。

三是应急管理体制机制不断完善。建立健全各级应急管理办公室、应急指挥中心等应急管理机构或者应急救援组织，加强与相应的气象、地震、水利等部门机构的信息共享、应急联动，建立健全协同处置工作机制，为应急管理工作提供了组织和机制保障。

四是应急队伍建设不断加强。组建中铁二局昆明队、中铁五局贵阳队、中铁十一局四川队、中铁十七局太原队等4支国家级隧道专业应急救援队伍，开展企业专兼职应急救援队伍和应急专家队伍建设，加强应急管理人才培养，为铁路应急管理工作提供人才保障。

五是应急救援能力建设不断加强。国铁集团持续加强以所属18个铁路局集团有限公司所在地为中心的应急救援基地建设，配备救援列车160余列、救援起重机160余台；国家能源集团建成了集桥梁、隧道、道岔、曲线、坡道、信号于一体的双线电气化综合应急演练朔黄实训基地；适应铁路隧道、客运专线等高难度突发事件救援的起复机具以及具有快速救援多功能接触网作业车得到持续研发和投入使用。

六是应急保障体系不断完善。持续加强应急救援物资、资金、运力储备，建立快速调运制度，构建国家、地区应急力量快速输送系统，不断提升铁路应急管理信息化水平，建设了应急指挥平台，研发运用高速铁路自然灾害、异物侵限、线路设备等监测报警系统，开发了自我感知、健康管理、故障诊断等列车运行在途监测技术，提升无人机、车载监控和可视化通信技术装备水平，实现了对自然灾害和治安风险的立体防控。

第二节　公路领域

公路交通应急管理是一项牵涉面广、需要多个部门协同参与的系统工程。随着国家应急管理事业的发展，我国公路交通应急管理工作的原则性、系统性、创造性和科学性不断增强。公路应急管理的发展历程围绕"一案三制"开展。

（一）公路突发事件应急预案

2005年6月，交通部颁布了《公路交通突发公共事件应急预案》，各地交通部门根据应急预案要求，相继制定了地方公路交通应急预案。2006年10月，交通部出台《关于全面加强应急管理工作的指导意见》，要求加强应急管理规划和建设，做好各类突发公共事件的防范工作，加强应急装备和队伍建设。2008年，交通运输部在总结抗击低温雨雪冰冻灾害和汶川特大地震抗震救灾经验的基础上，对《公路交通突发事件应急预案》进行了修订，并于 2009 年 5 月 12 日重新发布。这一预案作为全国公路交通领域最高层次的总体应急预案，为指导各级交通主管部门编制相关预案和开展应急保障工作奠定了基础。随着国家应急管理各项方针政策的不断健全和完善，结合近些年公路交通突发事件应急处置实际，2017 年交通运输部修订《公路交通突发事件应急预案》，优化了框架结构和内容，明确了事件分类分级标准，完善了应急响应分级管理及响应机制，明确了预警发布、防御响应的程序规定，并补充增加了常见自然灾害应急处置操作指南，更具指导性、科学性和实操性。

（二）公路突发事件应急处置日常管理机构

为妥善应对极端天气对公路出行的影响，2006 年初，交通部组建了公路气象服务和应急处置工作组，历经 2008 年初南方部分省份低温雨雪冰冻灾害、四川汶川特大地震等重大公路交通突发事件的严峻考验，初步积累了应对重大突发事件的基本经验。2008 年 7 月，初步形成了专业的公路应急会商指挥场所和全国公路网管理与应急处置工作平台，全面开展全国干线公路网运行监测、突发事件应急处置与出行信息服务工作，在"4·14"青海玉树地震、"8·7"甘肃舟曲泥石流等重大自然灾害的应急处置中发挥了重要作用。为充分发挥我国公路网整体效益和网络化、规模化效应，有效应对极端天气和重大自然灾害的不利影响，进一步提升公路交通应急保障能力，2012 年 7 月 18 日，交通运输部路网监测与应急处置中心（以下简称"路网中心"）正式挂牌运行，主要承担全国路网日常运行监测、重大突发事件预警与应急处置、公路交通出行信息服务、公路技术状况检测、公路工程造价技术支持、全国ETC联网运营服务等工作。

（三）公路应急联动机制建设

交通部联合中国气象局开展公路交通气象预报预警。2005年7月，交通部和中国气象局签署了共同开展公路交通气象预报备忘录，双方开展合作，逐步建立了科学高效的公路交通气象信息预测、发布机制，向社会公众提供准确、全面的公路气象信息。每天联合向社会发布"公路交通气象预报"，遇有重大气象灾害时，及时启动联合会商机制并发布公路气象预警信息；加强公路交通气象观测站网建设，印发《公路交通气象观测网建设技术要求》，指导各地交通运输部门在公路沿线科学布设气象观测站点，提高公路交通安全气象保障服务能力。

交通运输部加强与中国地震局合作提高减灾水平和应急处置能力。2013年1月，交通运输部与中国地震局提出在交通工程设施防御地震灾害、信息共享与发布、应急处置联动、建立常态化协调机制等领域展开进一步合作，并联合推进各省（区、市）交通运输、防震减灾发展合作。

加强跨部门和跨区域的公路交通应急管理协调。交通运输部会同公安部、中国气象局联合印发了《关于加强恶劣天气公路交通应急管理工作的通知》，明确了公安、交通部门共同决定采取封闭高速公路等管控措施，共同指挥、协调公路恶劣天气交通应急管理工作。

（四）公路应急能力建设

一是提升公路基础设施灾害风险管控能力。为深入贯彻落实习近平总书记关于提高我国自然灾害防治能力的重要论述，按照党中央、国务院的部署，自2020年开始，交通运输部全力开展自然灾害综合风险公路承灾体普查工作，先后完成了全国520余万公里全部公路网总里程的普查，形成了公路自然灾害风险数据库，基本摸清了全国干线公路沿线自然灾害风险底数。编制了普查技术指南和自然灾害风险公路防治工程实施技术指南，建立了完善的技术标准体系。编制完成了公路承灾体普查风险区划图，进一步科学、准确掌握公路自然灾害风险情况。为了加强普查成果应用，交通运输部2022年印发了《交通运输部关于加强第一次自然灾害综合风险公路水路承灾体普查成果应用的指导意见》，推动普查成果在公路水路全过程全方位应用，着力提升公路水路自然灾害综合防治能力。同时，建立了普查数据动态更新工作机制，印发了《关于做好公路自然灾害综合风险数据动态更新工作的通知》，组织各省（区、市）开展自然灾害风险数据动态更新工作。

二是公路应急装备保障能力建设。为完善公路交通应急装备物资储备体系，满足重大公路交通突发事件对应急装备物资的需求，交通运输部启动了国家区域性公路交通应急装备物资储备中心建设工作，2012年4月，交通运输部制定了《国家区域性公路交通应急装备物资储备中心布局方案》，提出在河北、吉林、黑龙江、浙江、山东、河南、湖南、广东、四川、贵州、云南、陕西、甘肃等13个省份建立国家区域性公路交通应急装备物资储备中心，并支持青海、西藏、新疆和新疆生产建设兵团储备中心建设。进入"十四五"时期，交通运输部根据我国区域灾害特征，以防范区域灾害公路交通突发事件为重点，结合国家区域经济布局和国家立体综合交通规划等情况，在现有储备中心布局的基础上，按照辐射范围300公里左右的原则，对国家公路应急储备中心进行优化布局，在原布局方案的基础上，在辽宁、内蒙古、山西等11个省区增设13处国家公路应急储备中心，最终形成"6+30"国家区域性公路交通应急装备物资储备中心布局。为了推进国家区域性公路交通应急装备物资储备中心的信息化和规范化管理，交通运输部正在编制《国家区域性公路交通应急装备物资储备中心管理办法》，开展相关信息系统建设工作。

　　三是开展年度公路交通应急演练。为增进武警交通部队和地方公路应急队伍的协调配合能力，促进军地融合发展，提升联合应对重大自然灾害的应急救援能力和水平，自2011年开始，交通运输部会同地方人民政府、武警交通指挥部，开展年度公路交通警地联合应急演练。2011年北京演练，侧重在钢桥架设、堰塞湖排险和直升机救援。2012年湖北演练，侧重在交通事故处置、路网协调联动和滑坡体抢通。2013年陕西秦岭终南山隧道应急救援演练，侧重在检验隧道应急预案、控制系统保障水平和消防施救能力。2014年甘肃天水演练，以应对泥石流灾害为主线，侧重检验应急响应流程、完善决策指挥体系、应用先进技术装备和信息化通信指挥手段。2015年新疆塔城演练，以强降雪和持续风吹雪条件下的救援和处置为主题，侧重演练冬季除冰除雪保畅。2016年四川绵阳演练，以抗震救灾为主题，侧重应急预案检验、军地应急机制磨合以及新式装备应用。2017年福建福州演练，以强台风灾害应急处置为主题。2018年江苏镇江演练，以冬季公路交通综合应急保障为主题。2019年河南巩义演练，以公路交通综合应急能力比武为主题。2022年在北京开展冬奥会极端天气交通运输应急联动综合保障演练。

第三节 海上搜救领域

海上搜救是政府统一协调有效资源，开展遇险监测，保障应急通信，对在海上遇险的人员、船舶、航空器实施搜寻救助的行动，是国家应急救援体系的重要组成部分。

我国是航运大国，拥有辽阔的海域和丰富的内河通航资源。1985年，我国加入《国际海上搜寻救助公约》，并郑重承诺：保障在我国沿海及内河通航水域生产作业人员的安全。中国海上搜救中心致力于实现"看得见、听得到、出得去、救得起、处置得了"的海上搜救核心功能，对发生在我国搜救责任区内的海上险情实施快速、有效救助，充分展示了我国负责任大国形象。

（一）我国海上搜救的体制沿革

1973年，为使在我国沿海遇险的人员、船舶得到及时救助，国务院、中央军委批准成立国家海上安全指挥部，由交通部、外贸部、农林部、总参、海军、空军等单位组成，交通部负责人任指挥部主任，各单位抽调人员，在交通部办公，负责统一部署和指挥防台风、防止船舶污染海域、防冻破冰以及海难救助等

"三防一救"工作；同时，组建国家专业的海上救助队伍，由军地共同承担海上救助任务。沿海各省（区、市）相继成立了海上安全指挥机构，领导本辖区的"三防一救"工作。

1989年7月，为更好地履行《国际海上搜寻救助公约》，国务院、中央军委批复同意在交通部建立中国海上搜救中心，负责全国海上搜救工作的统一组织和协调，日常工作由交通部安全监督局承担。同时，沿海各省（区、市）的海上安全指挥部改为海上搜救中心，职责不变，业务上接受中国海上搜救中心的指导。

2005年5月，为提升我国应对海上突发事件的能力，国务院批准建立由交通部牵头、13家成员单位共同参加的国家海上搜救部际联席会议制度，统筹研究全国海上搜救和船舶污染应急反应工作，组织协调重大海上搜救和船舶污染应急反应行动，指导、监督有关省（区、市）海上搜救应急反应工作等，并明确中国海上搜救中心是联席会议的办事机构，负责联席会议的日常工作。

2012年10月，根据国家重大海上溢油应急处置工作的需要，国务院批准建立国家重大海上溢油应急处置部际联席会议制度，在国务院领导下，研究解决国家重大海上溢油应急处置工作中的重大问题，组织、协调、指挥重大海上溢油应急行动，指导、监督沿海地方人民政府、相关企业海上溢油应急处置工作等。交通运输部为牵头单位，中国海上搜救中心使用中国海上溢油应急中心名义对外开展工作，承担联席会议的日常工作。

2014年、2016年，经国务院批准，国家海上搜救部际联席会议制度新增外交部、国防科工局、中国海警局3个成员单位。2020年，经国家海上搜救和重大海上溢油应急处置部际联席会

第一章　交通运输应急管理发展历程

议审议同意，由中央军委联合参谋部负责统筹协调落实联席会议需要军队方面给予支持配合的相关工作，海军、空军、武警部队不再作为国家海上搜救和重大海上溢油应急处置部际联席会议成员单位。调整后国家海上搜救部际联席会议成员单位为15家，国家重大海上溢油应急处置部际联席会议成员单位为19家。中国海上搜救中心进一步加强内部管理机制建设，完善了管理模式，完成了管理机构的调整。

（二）我国海上搜救的法制预案体系建设历程

为建立国家海上搜救应急反应机制，迅速、有序、高效地组织海上突发事件的应急反应行动，最大限度地减少海上突发事件造成的人员伤亡、财产损失和环境污染，国务院于2006年批准印发《国家海上搜救应急预案》，明确了海上搜救的工作原则，建立了预警预防机制、险情报送制度、应急响应处置程序、科学决策保障机制等。为实现与《国家海上搜救应急预案》的有效衔接，交通运输部（原交通部）制定出台了《交通部海上突发事件应急反应程序》《交通运输部水运散装液体危险化学品突发事件应急处置程序》《交通部防抗台风等极端天气应急预案》《交通运输部突发事件应急工作规范》等系列规范性文件，完善制度机制，规范工作程序，推动搜救工作制度化、正规化、科学化。2018年，《国家重大海上溢油应急处置预案》经国家重大海上溢油应急处置部际联席会议审议通过并印发实施。2019年，《国务院办公厅关于加强水上搜救工作的通知》正式印发。2021年，新修订的《海上交通安全法》颁布施行。2022年，经国务院同意，交通运输部、外交部、国家发展改革委等23个部门和单位联合印发《关于进一步加强海上搜救应急能力建设的意见》，提出到2025年，实现我国海上搜救责任区有效覆盖、高效处置。海南、广西、天津、江苏、河北、山东、广东、上海、黑龙江、福建、辽宁等省（区、市）先后出台了海上搜救地方性法规或规章。沿海各省（区、市）均印发了海上搜救应急预案，山西、江西、湖南、湖北等内陆省份也以政府专项预案的形式发布了水上搜救应急预案。广西等建立了搜救补偿机制，山东及其沿海地级市出台了海上溢油事件应急处置预案。

（三）我国海上搜救的主要力量

"专群结合、军地结合"的海上搜救发展模式逐渐成熟。目前，我国基本建成了以专业救助力量、军队和国家公务力量、社会力量等为主要力量的海上搜救队伍。

专业救助力量在海上搜救工作中发挥着"专业主导作用"。自2003年以来，交通部分别设置了北海、东海、南海3个救助局，烟台、上海、广州3个打捞局。截至2022年，交通运输部救助打捞局配备救助打捞船舶210余艘、专业救助直升机20架，并根据季节气候变化及海上运输情况，及时调整专业救助待命点。

军队和国家公务力量及社会力量在海上搜救工作中发挥着"协同作用"。交通运输部海事系统基本建立起由百米级大型船、40~60米级中型船、20米级小型船组成的海事舰船构架体系。目前，已装备各类船艇1100余艘。公安部、农业农村部、武警部队、海军等单位也逐步加大了船舶和装备的配备力度。

第一章　交通运输应急管理发展历程

过往商船和作业渔船在海上搜救工作中发挥着"及时救助作用"。目前，我国拥有商船 23 万余艘、海洋作业渔船近 20 万艘，其中国际航线商船 1600 余艘、远洋渔船 2700 余艘。商船、渔船活动范围遍布沿海各海区及各远洋主要航线。

海上突发事件应急专家团队和科学技术在海上搜救工作中发挥着"支撑参谋作用"。中国海上搜救中心建立了国家海上突发事件咨询专家组，推进了北斗导航系统、船舶卫星 AIS 系统、LRIT 系统、海上漂移模型、手机定位等科学技术在海上搜救中的充分运用。

（四）我国海上搜救的通信及信息传送能力

海上险情信息的快速、有效获取，是成功组织搜救行动的前提。为及时、准确地获取各类海上遇险报警和搜集现场信息，交通运输部建设了海事卫星系统（INMARSAT）地面站、海上安全信息播发系统（NAVTEX）、数字选择性呼叫（DSC）系统和搜救卫星系统任务控制中心等海上遇险与安全信息系统，联合开展了"基于北斗的海上搜救应用示范项目"建设，推动"北斗卫星搭载国际卫星系统载荷"正式入网运行，大力推进北斗系统在海上搜救领域的应用，形成了我国海上遇险与安全信息接收与播发网络，使各海上搜救中心具备自动接收海上遇险信息的能力。同时，交通运输部海事系统在全国沿海主要港口和长江干线建设了船舶交通管理系统（VTS）和海事电视监控系统（CCTV），全国沿海实现 AIS 信号全覆盖和卫星 AIS 信号的有效接收，以便及时获取各类信息，监控船舶安全航行。此外，在电信部门的大力支持下，在中国沿海及长江干线各主要城市开通了12395全国海上遇险救援电话，方便公众及时报告船舶遇险信息。各级海上搜救中心装备的INMARSAT-F和CCTV系统可实时接收遇险现场视频图像信号，使海上搜救的跨区域直接指挥成为可能。

（五）我国海上搜救的主要成绩和事业展望

"十一五"期间，全国各级海上搜救中心共组织、协调搜救行动9447次，在我国搜救责任区范围内成功搜救102547名遇险人员（平均每天成功救起56人）；"十二五"期间，共组织、协调搜救行动10097次，成功搜救84234名遇险人员（平均每天成功救起46人）。"十三五"期间，在党中央、国务院和中央军委的正确领导下，国家海上搜救和重大海上溢油应急处置部际联席会议各成员单位主动服务国家改革发展大局，有效履行"前锋""后卫""形象代言人"职责使命，全面加强海上搜救和重大海上溢油应急处置工作，圆满完成了新中国成立70周年庆祝活动、G20杭州峰会、神舟十一号载人飞船发射、港珠澳大桥建设等国家重点任务应急保障任务，妥善处置了"北游25"在涠洲岛附近海域搁浅、"桑吉"轮碰撞燃爆、"隆庆1"轮碰撞起火等突发事件，成功防御利奇马、莫兰蒂、天鸽、山竹、米克拉、巴威等台风的袭击。"十三五"期间，全国各级海上搜救中心共组织、协调搜救行动9720次，成功搜救66969名遇险人员（平均每天成功救起37人），累计协助海军完成1364批6868艘中外船舶的护航任务。中国海上搜救中心在应对突发事件、极端天气灾害方面成效显著，坚决捍卫了国家利益，有力保障了人民群众生命财产安全，社会赞誉度和国际影响力不断提升。

随着"一带一路"倡议、海洋强国战略深入实施,海洋开发利用、海上贸易航行等活动日益频繁,要深刻认识到海上应急是适应海洋强国、交通强国建设的必然要求;同时也要认识到目前全球航运经济仍处于低位运行,运能过剩、运价偏低,安全生产投入明显不足,船员职业认同度不高,队伍不稳,凝聚力下降,海上风险隐患不同程度增加,加之近年来我国自然灾害、非传统突发事件、涉外突发事件频发,海上应急工作依然面临严峻的形势和挑战。

"十四五"时期是我国全面建成小康社会之后开启全面建设社会主义现代化国家新征程第一个五年,是全面推进交通强国建设的第一个五年,做好新时期海上搜救应急工作,必须以习近平新时代中国特色社会主义思想为指导,深入贯彻党的二十大精神,认真落实党中央、国务院和中央军委决策部署,完整、准确、全面贯彻新发展理念,坚持人民至上、生命至上,贯彻总体国家安全观,以加快海上搜救应急现代化为首要任务,以最大限度地减少海上人员伤亡、海洋环境污染和财产损失为总目标,统筹发展和安全,强法治、促规范、补短板、强能力、聚合力、开新局,为全面建设社会主义现代化国家、全面推进中华民族伟大复兴作出新的更大贡献。

第四节 民航领域

(一)中国民航应急管理工作发展历程

中国民用航空局(以下简称"民航局")贯彻落实习近平总书记关于应急管理的重要指示批示精神卓有成效。多年来,特别是党的十八大以来，民航局持续加强应急管理，先后出台了有关规章及规范性文件，落实了国家应急管理工作的各项要求。

自 2010 年民航局制定并发布《中国民用航空应急管理规定》以来，在"十二五"期间正式组建了民航综合应急管理监察员队伍，并发布了《民航应急管理监察员业务培训管理规定》。

"十三五"期间，随着《民航应急管理监察员监管事项清单库》在全国范围内执行，民航应急监管逐步规范化。2018 年民航局调整突发事件应急工作领导小组成员单位工作职责，通过明确各司局应急工作职责，确定了民航领域分类管理的方法和模式。2019 年民航局下发《民航应急预案管理办法》，标志着民航应急预案体系化建设步入规范化。

在"十四五"期间，民航局根据规划开展"立法者释法"工作，应急监管内容与标准进一步优化完善；2022 年"十四五"立法专项规划下发，《中国民用航空应急管理规定》《民用运输机场突发事件应急救援管理规则》《民用航空器飞行事故应急反应和家属援助规定》等多部规章被列入修订计划；同年，预案可操作性、跨部门联合实战演练等专项检查工作逐步开展。

图 1-1 展示了我国民航应急管理体系建设与能力建设并行的行动路径。

（二）中国民航应急管理工作现状

中国民航应急管理体系框架的主要构成是"一案三制"。"一案"指的是应急预案，"三制"指的是应急管理体制、应急管理机制以及应急管理法制。

第一章　交通运输应急管理发展历程

理念轴：民航应急管理监察员队伍建立 | 民航应急管理监管主体调整 | 民航应急监管逐步规范化 | 民航应急预案体系化建设步入规范化 | 民航应急管理体系建设与能力建设并行 | 民航应急管理体系建设与能力建设并行

时间轴："十二五"时期（2011-2015）| "十三五"时期（2016-2020）| "十四五"时期（2021-2025）

制度轴：
- 2010年发布《中国民用航空应急管理规定》
- 2014年发布《民航应急管理监察员业务培训管理规定》
- 2018年发布《关于调整民航局突发事件应急工作领导小组成员单位工作职责的通知》
- 2018年《民航应急管理监察员事项清单》在全国范围内执行
- 2019年发布《民航应急预案管理办法》
- 2021年民航"十四五"规划，开展"立法者释法"工作，更新事项清单库
- 2022年"十四五"立法专项规划，多部规章列入修订计划
- 2022年预案可操作性、跨部门联合实战演练

图 1-1　民航局推进应急管理路线

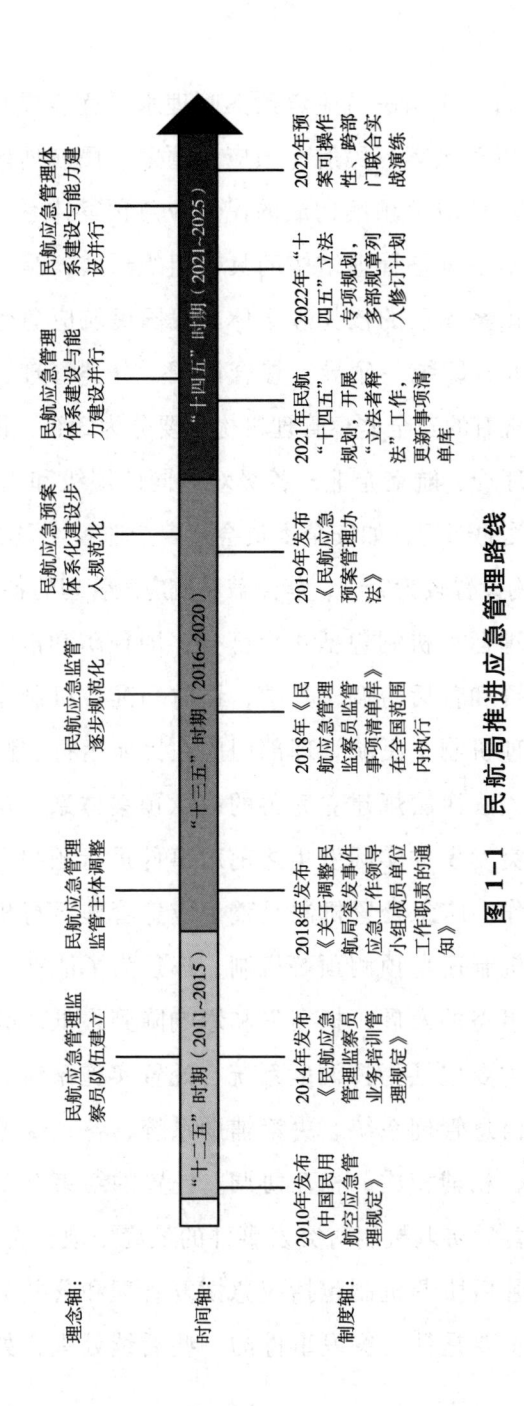

019

预案建设方面，我国民航应急预案管理水平逐步提高，已经形成由民航总体应急预案、民航专项应急预案、民航地区应急预案和民航企事业单位应急预案构成的民航应急预案体系。

应急管理体制是应急管理结构的具体组织形式，是建立应急响应机制和应急预案体系的依托和载体。我国民航应急管理体制主要分为5个方面，即统一领导、综合协调、分类管理、分级负责、属地管理。现有的安全监察管理机构主要分为3级，即民用航空总局、地区管理局、航空企业，各级对不同的层级和内容负责，并分别下设了相关的部门，如安全委员会、安全监督委员会、安全监察机构等，机构设置较为完善，能涵盖民航应急管理的各方面。

民航应急管理运行机制包括4个部分，即预防和准备、预测和预警、应急处置和善后协调，其中，预防和准备机制主要涉及的是应急预案管理机制。民航管理部门应在民航运行实际情况的基础上，根据相关法律法规建立完善的应急预案体系。预测和预警机制主要是在突发事件实际发生之前对事件进行预报、预测及提供预先处理操作。应急处置机制是整个应急管理运行机制的核心，不管是预案机制还是预测预警机制，都是为了能在应急处置时尽可能地遏制事态的发展，把损失和影响降到最低。我国应急处置机制的构成主要包括指挥调度系统、处置实施系统、物力与人力资源系统、信息管理系统、决策辅助系统，各系统遵循系统性和统一性原则，相辅相成、相互协调。处置的结束并不代表应急管理的结束，善后协调机制对突发事件的最终处理也至关重要，民航突发事件的善后协调机制包括应急恢复管理和公共关系维护两大部分。前者主要是针对突发事件的一些后续处理，如伤员的补偿抚恤、航空活动的恢复、损失的评估以及后期的一些反馈评价等。后者则包括及时向新闻媒体公众等发布突发事件的信息及进展情况，避免因公众的猜忌而引发的后果。总之，应急管理机制的各个部分都服务于对突发事件的应急管理。

我国民航应急管理的法律法规已较为完善，如《民用运输机场突发事件应急救援管理规则》《国家处置民用航空器飞行事故应急预案》《民用航空器飞行事故应急反应和家属援助规定》《中国民用航空应急管理规定》等。这些法律法规为民航应急管理搭建了一个良好的法制基础，为应对各种突发事件提供了法律保障。

我国民航应急管理体系的"一案三制"中的各个部分的管理和建设已较为合理，但随着行业发展与国家应急管理体系的变革，民航应急管理体系也需要持续不断地推进变革与完善。

（三）民航应急管理法制体系建设情况

自《中国民用航空应急管理规定》颁布实施以来，民航局于2014年正式成立应急管理监察员队伍，落实《应急管理规定》监督执法工作；2014年7月1日，《中国民用航空监察员管理规定》（CCAR-18-R3）正式发布实施，应急管理被列为安全监管类监管专业之一，民航企事业单位应急工作的监督检查和指导有了法规依据。

我国民航应急管理法律法规体系框架逐步建立。从国家体系角度而言，民航部门规章严格依据国家宪法、相关法律、行政法规，并在此基础上出台了一系列规范性文件。从行业专业角度而言，民航部门规章参考国际条例的要求，遵守国际民航组织公约及附件的内容，具体如图1-2所示。

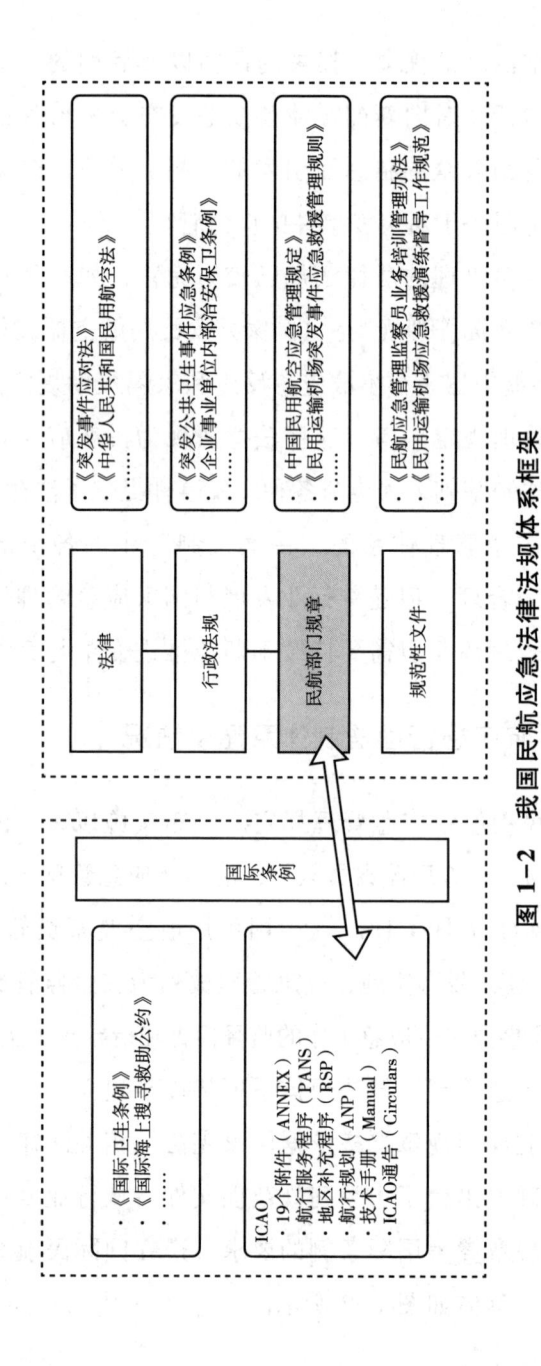

图 1-2 我国民航应急法律法规体系框架

第一章 交通运输应急管理发展历程 <<<

2010年民航局发布《中国民用航空应急管理规定》，开启了民航综合应急管理的法制化建设历程。在此之前，民航突发事件应急管理工作主要为单一灾种管理模式，各类突发事件由民航局不同司局主管，如表1-1所示。

表1-1 民航局各类突发事件监管任务清单

相关依据文件	突发事件	主管司局
《中国民用航空应急管理规定》	—	综合司/监控中心
《民航应急预案管理办法》	—	综合司/监控中心
《民航网络与信息安全管理暂行办法》	网络信息安全事件	人教司
《航班正常管理规定》	备降航班，大面积航班延误事件，机上延误事件	运输司
《民用航空危险品运输管理规定》	危险品航空运输事件（飞行中/地面）	运输司
《危险品货物航空运输存储管理办法》	危险品货物存储突发事件	运输司
《通用航空短途运输管理暂行办法》《通用航空包机飞行管理暂行办法》	载客类飞行事故、载客类锂电池机上突发事件、通航危险品运输突发事件	运输司
《突发公共卫生事件民用航空应急控制预案》	突发公共卫生事件	飞标司
《大型飞机公共航空运输承运人运行合格审定规则》	飞行中紧急医学事件，最低油量，空中机械故障，空中发动机失效	飞标司
《民用机场助航灯光系统运行维护规程》	助航灯光系统突发事件	机场司
《运输机场运行安全管理规定》	航油供应突发事件，冰雪天气（除冰雪处置程序）	机场司

023

续表

相关依据文件	突发事件	主管司局
《民用运输机场供用电安全管理规定(试行)》	机场突发电力事件	机场司
《民用运输机场突发事件应急救援管理规则》	机场突发事件	机场司
《民用航空运输机场航空安全保卫规则》	运输机场安防突发事件	公安局
《民用运输机场应急救护工作规范》	机场应急救护突发事件	机场司
《防止机场地面车辆和人员跑道侵入管理规定》	机场地面车辆与人员跑道侵入事件	机场司
《民用航空空中交通管理运行单位安全管理规则》	空管突发事件	空管办
《民用航空空中交通管理规则》	空中交通服务突发事件	空管办
《民用航空通信导航监视工作规则》	通导监设备重大故障	空管办
《搜寻援救民用航空器工作手册》	航空器失事/失踪（搜寻援救处置程序）	空管办

在《中国民用航空应急管理规定》的基础上，民航局根据事前、事发、事中、事后等不同阶段，针对应急管理重点工作分别制定了相关规章及规范性文件，指导民航管理部门以及企事业单位提升应急管理能力，如表1-2所示。

表1-2 民航应急管理规章文件清单

类别	文件名称
综合类	《中国民用航空应急管理规定》(CCAR-397)
专业类	《民航应急预案管理办法》(民航规〔2019〕38号)
	《关于调整民航局突发事件应急工作领导小组成员单位工作职责的通知》(民航发〔2011〕12号)

续表

类别	文件名称
专业类	《民用运输机场突发事件应急救援管理规则》(CCAR-139-Ⅱ-R1)
	《民用航空器飞行事故应急反应和家属援助规定》(CCAR-399)
	《民用航空安全信息管理规定》
	《民用航空器事件技术调查规定》
	《公共航空运输企业航空安全保卫规则》(CCAR-343)
	《民用航空运输机场航空安全保卫规则》(CCAR-329)
	《搜寻援救民用航空器工作手册》(WM-TM-2012-001)

（四）新形势下民航应急救援和管理工作的特点与展望

在国家应急管理体系下，中国民航构建了针对行业特点的民航应急管理体系，为防范重大安全风险、妥善处置各类不安全事件、指导各企事业单位应急管理工作提供了有效支撑。《中华人民共和国国民经济和社会发展第十四个五年规划和2035年远景目标纲要》出台，对公共安全也提出了更高的要求。特别是从新冠疫情防控过程中暴露出的问题来看，当应对复合型灾害时现有应急管理体系亟须进一步完善提升，新形势下加强应急管理体系和能力现代化建设迫在眉睫。一方面，随着2018年应急管理部成立，不同部门间应急职责的壁垒被打通，全国应急管理工作进入快速发展时期，应急管理体系逐步完善，现代化能力显著提升。另一方面，国内经济建设节奏加快，大规模、多样化的经济社会活动加剧了应急管理的系统性风险；全球一体化背景下国际环境更加复杂，由利益冲突产生的潜在安全风险剧增；全球范围的新冠疫情引发了应急管理工作的新考验和新课题，应急工作呈现风险叠加、广泛关联、影响深远的特点。突发事件的范围也由境内逐步延伸到境外，这也极大地增加了应急管理工作的强度和难度。

新形势下民航应急管理工作具有目标广泛性、综合协调性、全面系统性、主体多样性、客体复杂性的特点。因此，民航应急管理应从"大应急、大安全"的视角出发，按照习近平总书记系统梳理和修订应急管理相关法律法规，抓紧研究制定应急管理、自然灾害防治、应急救援组织、国家消防救援人员、危险化学品安全等方面的法律法规的要求，全面运用法治思维和方法推进应急改革工作，加快民航应急管理体系制度化建设步伐，健全行业应急管理规章标准框架。

第五节　邮政领域

（一）建立健全应急管理体制

1949年11月1日，邮电部成立。1950年1月1日，邮电部成立邮政总局，各省（区、市）普遍建立统一的分级邮政机构。这一时期，邮政业安全管理职责、安全管理机制以及各项安全管理制度的制定均处于相对滞后的状态。

2007年1月29日，国家邮政局、中国邮政集团公司在北京人民大会堂举行揭牌典礼，标志着我国邮政领域改革取得重大进展，政企分开基本完成。

党的十八大以来，邮政业进入历史上最好的发展时期。国

第一章 交通运输应急管理发展历程

家、省、市邮政业安全领导小组全面成立,国家邮政局市场监管司加挂安全监督管理司牌子,其后又成立邮政业安全和应急工作领导小组,应急管理领导机制更加健全。2014年,国家邮政局邮政业安全中心成功组建作为全国邮政业安全监管和应急管理的基础服务、技术支撑和规制保障部门,邮政业安全中心的组建是国家邮政局一项具有里程碑意义的战略部署和工作决策。目前已实现全国31个省级邮政业安全中心全覆盖,为全面加强邮政领域安全监管和应急管理工作提供重要支撑。

国家邮政局加强与国务院办公厅、国家发展改革委、国家卫生健康委、应急管理部等相关部门在工作层面的沟通协作,推动邮政业应急管理工作融入国家应急管理体系建设大局,建立相应的信息报告和日常工作对接机制。密切关注影响邮政业稳定运行的各类风险,加强风险提示,维护行业安全稳定运行。2016年,国家邮政局与气象、交通、地震、国土、水利等部门建立信息共享和应急联动机制,及时发布安全预警信息。

(二)完善邮政业应急管理法制预案体系

改革开放后,党中央、国务院不断强化邮政业改革发展的顶层设计。1986年,国家颁布《中华人民共和国邮政法》(以下简称《邮政法》),1996年启动修订《邮政法》,2009年颁布新修订《邮政法》,快递业发展开始不断提速。1990年,《中华人民共和国邮政法实施细则》颁布实施,我国邮政业法制建设又向前迈出了坚实的一步。

改革开放以来,我国邮政业发展规模不断壮大,政商环境持续优化，基础先导作用充分释放，行业管理体系不断完善，行业生产力不断解放，发展潜力不断释放，市场活力竞相迸发，邮政业的高速发展给行业安全管理带来新的机遇和挑战。为提高行业突发事件应急处置能力，2009年国家邮政局出台《国家邮政业突发事件应急预案》，邮政业应急体系建设工作稳步推进。2013年，国家邮政局修订《国家邮政业突发事件应急预案》，行业应急处置流程更加科学、规范。2019年，国家邮政局启动邮政业突发事件应急预案修订和专项预案制定工作，印发《国家邮政业突发事件应急预案》（2019年修订）和《邮政业人员密集场所事故灾难应急预案》、《邮政业运营网络阻断事件应急预案》、《邮政业用户信息泄露事件应急预案》、《邮政业重大活动期间突发事件应急预案》等专项应急预案，初步形成邮政业突发事件应急预案体系。

（三）做好行业运行监测和应急保障工作

健全安全生产和应急信息报告制度，全面规范安全信息报告工作。加强日常安全信息报送，定期汇总分析全行业日常安全信息，实现"月度有信息、季度有分析、年度有报告"的安全生产统计工作目标。针对重点企业关键时间点的运行异常、网络阻断等情况，依托六大系统和舆情监测平台，开展行业运行专业化监测预警工作，提高突发事件应急处置能力。

（四）提升技术保障能力

充分发挥信息技术支撑作用，实施寄递渠道安全监管"绿盾"工程，大力推进智慧邮政建设，努力实现邮件快件寄递"动态可追踪、隐患可发现、事件可预警、风险可管控、责任可追溯"。以贯彻预防为主方针，针对业务旺季、岁末年初以及洪涝、台风、地震等自然灾害特点，及时进行专门部署，深入开展隐患排查治理和矛盾纠纷化解，强化监测预警，确保人员、场地、车辆和邮件快件安全。

第二章
2021~2022年交通运输应急管理发展概况

2021~2022年，交通运输系统以习近平总书记关于交通运输工作和应急管理工作的重要论述为根本遵循，认真贯彻落实党中央、国务院决策部署，坚持人民至上、生命至上，坚持系统观念、目标导向，稳步推进交通运输应急管理体系和能力建设，优化交通运输应急管理体系和能力顶层设计，发挥中国特色应急管理体制机制优势，不断提升交通运输应急处置能力，有效组织应对各类突发事件，为统筹发展和安全、加快建设交通强国提供坚强可靠的交通运输应急保障。

第一节　总体情况

（一）应急管理体系建设稳定发展

稳步推动交通运输应急管理体系顶层设计。2022年，交通运输部等23个部门推动印发《交通运输部等二十三个部门和单位关于进一步加强海上搜救应急能力建设的意见》，细化落实《海上交通安全法》海上搜寻救助专章有关要求，明确13项主要任务措施和发展目标。同年，交通运输部制定印发《关于加强交通运输应急管理体系和能力建设的指导意见》，明确20项主要任务措施，指导行业全面提升安全风险防范化解、突发事件应急处置和综合交通运输应急保障能力。

1. 持续完善交通运输行业应急预案体系

交通运输部组织修订《国家海上搜救应急预案》《国家重大海上溢油应急处置预案》，研究编制国家突发事件交通运输保障相关应急预案；配合修订《国家突发事件总体应急预案》；制定印发《交通运输部突发事件应急处置内部工作程序》，提高部级层面突发事件处置制度化、规范化水平；编制《重点物资运输服务与保障应急预案（试行）》，推动提高综合运输应急能力。

2. 不断强化交通运输应急管理法治建设

交通运输部积极推动修订《道路运输条例》，完成《高速客船安全管理规则》等规章制定/修订并颁布实施，进一步明确应急管理相关要求；配合制定/修订《突发事件应对法》《应急救援队伍管理法》；推动修订《内河交通安全管理条例》，通过组织"安全生产月"等活动，积极宣贯《安全生产法》《海上交通安全法》。

3. 持续推动交通运输应急管理体制机制建设

交通运输部持续深化落实《国务院办公厅关于加强水上搜救工作的通知》，组织召开海上搜救经验交流研讨会，强化典型经验交流借鉴；召开长江干线省市交流座谈会，推动健全完善长江干线水上搜救体制机制；强化部际、部省、军地协作联动；召开年度部际联席会议和联络员工作组会议，统筹研究部署年度重点工作；加强值班值守，贯彻落实《全国政府系统值班工作规范》，开展"应急值班规范年"活动，巩固拓展应急值守"三基"建设成果，规范值班值守运行管理。

（二）应急能力建设持续加强

1. 全面提升应急救援能力

国家区域性公路交通应急装备物资储备中心建设稳步推

动，截至2022年底，已建成并投入使用的国家区域性储备中心15处，库房共计71座，已储备公路关键应急装备超过1500台（套）；交通运输部针对翻扣船舶被困人员快速搜救、海上搜救现场指挥等6个重点方向，组织开展海上搜救应急能力建设试点；组织开展专业救助船舶寒潮大风天气下的巡航和专业救助直升机夜航、船载机飞行等训练，重点提升海上危化品船燃爆和溢油的应急处置能力；开展坠海航空器深海打捞等技术研究；成立南海第二救助飞行队，推进深远海救助能力提升；推动完善海上人命救助直飞送医机制，打通海上救助"最后一公里"。

2.持续开展应急演习演练

交通运输部联合北京市政府、武警第一机动总队成功举办北京冬奥会极端天气综合交通保障应急联动演练；指导甘肃省公路交通部门顺利完成国家"应急使命·2022"抗震演习中有关道路桥梁灾损抢通演习科目；成功举办2022年国家海上搜救综合演练、中老缅泰澜沧江—湄公河水上联合搜救桌面推演、反海盗船岸联合演练、中美海上搜救通信演习；辽宁省、山东省、浙江省海上搜救中心分别与韩国中部、西海地方海洋警察厅，日本鹿儿岛海上搜救中心开展中韩、中日搜救通信演习。

3.不断加强应急信息化和智能化建设

交通运输部印发《国家综合交通运输信息平台实施方案（2022—2025年）》，将调度与应急指挥系统作为7个综合应用系统的首要系统；推进调度与应急指挥系统建设，持续优化完善系统各功能模块，丰富完善行业数据和重点水域视频监控资源接入，打造专业化的应急值守机构、智能化的信息交互中心和常态化的调度指挥平台；推进北斗系统国际化应用，推动北斗报文服务系统通过专家评估并经国际海事组织（IMO）海上安全委员会审议通过，成为世界上第三个 IMO 认可的 GMDSS 卫星通信系统；推动与国际搜救卫星组织 4 个理事国签署"合作意向声明"，北斗系统正式加入国际中轨道卫星搜救系统。

4. 救捞装备建设持续发展

交通运输部救捞局推进救捞船舶装备建造，督导大型溢油回收船及配套溢油回收设备、14000 千瓦大型巡航救助船（升级版）、12000 吨抬浮力打捞工程船、80000 吨半潜打捞工程船、500 米饱和潜水工作母船等项目建设；深入推进北斗系统安装运维，确保符合条件的救捞船舶北斗系统安装全覆盖；烟台打捞局水上应急救援关键技术研究及应用示范项目、上海打捞局饱和潜水系统自航式高压逃生艇和外循式环控设备研制项目、深水协同应急处置技术及专用工具系统研究等 4 个国研项目通过科技部综合验收，"水上大规模遇险人员快速撤离装置""船载液态危化品水面应急输转系统""便携式水下多目标高精度定位跟踪装备""超高压水下切割装备"等一批首创性成果实现新突破。

第二节　铁路领域

2021~2022 年，铁路部门和企业坚持以习近平新时代中国特色社会主义思想为指导，以习近平总书记对铁路工作的重要指示批示精神为遵循，全面贯彻党的十九大、二十大和历次全会精神，坚决落实党中央、国务院决策部署，统筹发展和安全，坚持人民至上、生命至上，强化安全基础管理，健全法规预案体系，完善应急保障体系，加强应急演练培训，有力有效应对疫情、自然灾害、生产事故、外部环境等风险挑战和突发事件发生，应急管理水平进一步提升，安全风险防范和应急处置能力持续提升，改革创新持续深化，服务国家战略成效明显，铁路高质量发展取得新成效。2021年、2022年，全国发生铁路交通事故总件数比2020年分别下降9.23%、28.27%，铁路交通事故死亡总人数比2020年分别下降24.31%、33.70%，铁路交通较大事故件数比2020年分别减少11件、8件，未发生重大及以上铁路交通事故，铁路安全形势基本稳定。

（一）坚决贯彻落实习近平总书记重要指示批示精神和党中央、国务院决策部署

铁路部门和企业深入学习贯彻习近平总书记关于安全生产和应急管理重要论述，特别是习近平总书记在主持中央政治局第十九次集体学习时的重要讲话精神，第一时间传达学习、坚决贯彻习近平总书记关于东航客机坠毁事件、湖南长沙自建房倒塌事故、河南安阳火灾事故和防汛救灾等重要指示精神，通过集中学习、专家授课等形式，深刻领悟丰富内涵，准确把握精神实质，结合铁路安全形势和应急管理工作特点，改革创新安全生产和应急管理理念、制度、体制、机制、监管手段，强化安全风险隐患

源头防范，推动安全治理模式向事前预防转型。国家铁路局坚持人民至上、生命至上，落实"疫情要防住、经济要稳住、发展要安全"的要求，先后印发10余份文件在铁路行业内部署贯彻落实措施。各铁路企业认真落实安全生产主体责任，坚持守土有责、守土负责、守土尽责，全方位加强铁路运输、工程建设、设备造修等方面安全质量管控，有力有效处置各类突发事件，把"满足人民群众对美好出行的需要"作为安全和应急管理工作的出发点和落脚点，保障铁路安全、促进铁路发展、维护人民利益的集体共识进一步强化。

（二）加强铁路应急管理顶层设计

铁路部门全面总结"十三五"期间铁路发展取得的成效，分析当前面临的挑战和机遇，针对新阶段新要求，提出铁路高质量发展的指导思想、发展目标、框架设计、主要任务、重点工程和实施路径，为今后一段时期铁路高质量发展提供了重要依据和行动指南。

一是加强铁路发展规划。紧密承接国家"十四五"规划，落实《交通强国建设纲要》《国家综合立体交通网规划纲要》，国家铁路局联合有关部门编制完成《"十四五"铁路发展规划》《现代综合交通枢纽体系"十四五"发展规划》，明确了铁路高质量发展的目标任务。

二是加强铁路安全生产规划。编制《"十四五"铁路安全生产规划》，全面推进铁路安全生产责任、基础保障、管理机制、重点领域安全防范、安全监管、防灾及应急保障、综合保障等体系建设，明确了 8 项灾害预警及应急救援能力提升工程，不断提高铁路安全管理水平。

三是加强标准建设。印发《"十四五"铁路标准化发展规划》，加大基础安全、移动装备等相关产品标准的制定/修订力度，明确高速铁路风、雨、雪等灾害监测系统，铁路线路安全防护工程，机车车辆防火安全、结构可靠性等方面的标准研究制定，提高铁路安全保障能力。

四是加强科技支撑。发布我国铁路领域关于科技创新的首个五年发展规划——《"十四五"铁路科技创新规划》，提出"十四五"铁路科技创新重点任务，明确深化主动安全防控系统技术研发应用、推动设备设施运维养护技术工程应用、提升应急救援保障能力水平等安全保障重点工作，对促进铁路科技自立自强，支撑建设科技强国、交通强国具有重要意义。

（三）完善法规制度体系

铁路部门坚持依法管理，运用法治思维和法治方式提高应急管理法治化、制度化、规范化水平。推进《铁路法》《铁路交通事故应急救援和调查处理条例》修订。修订实施《铁路危险货物运输安全监督管理规定》，进一步强化危险货物运输安全监督管理，夯实铁路危险货物运输安全的法治保障。联合制定《关于加强铁路自然灾害监测预警工作的指导意见》，强化铁路沿线自然灾害风险研判和监测预警多部门合作，全面提高自然灾害预警防范能力，保障铁路安全畅通，维护人民群众生命财产安全。印发《国家铁路局关于推进铁路企业安全生产标准化建设工作的通知》，规范和加强铁路行业安全基础建设，推进铁路治理体系和治理能力现代化。印发《关于加强铁路交通事故管理工作的通知》，规范事故信息报送工作，强化事故管理职责。制定《国家铁路局应急管理办法》，强化国家铁路局有关部门和单位应急管理职责落实。

（四）完善行业标准体系

首次发布实施《铁路自然灾害及异物侵限监测系统工程技术规程》（TB 10185-2021），在《高速铁路安全防护设计规范》的基础上，细化了铁路自然灾害及异物侵限系统设置原则，对铁路沿线风、雨、雪、地震自然灾害监测以及上跨高速铁路的道路桥梁异物侵限监测系统设计及工程施工质量验收要求进行了全面规定。发布实施《铁路车辆运行安全监控系统设计规范》（TB 10057-2021），新增客车故障轨旁图像检测、动车组运行故障图像检测、动车组车载信息无线传输等3个铁路车辆运行监控系统的设计要求，对车辆轴温智能探测、货车故障轨旁图像检测、车辆运行品质轨旁动态监测、车辆滚动轴承故障轨旁声学诊断、客车运行安全监控等5个铁路车辆运行监控系统及铁路车号自动识别系统的设计要求进行了全面修订。发布实施《铁路客站结构健康监测技术标准》（TB/T 10184-2021），系统分析铁路客站结构特点和安全风险，全面总结相关研究成果和工程实践经验，明确健康监测对象及监测指标，提出结构预警和状态评估的确定原则，为提高客站结构健康监测技术水平和促进新技术发展提供支撑。发布实施《邻近铁路

第二章 2021~2022年交通运输应急管理发展概况

营业线施工安全监测技术规程》（TB 10314-2021），规定了邻近铁路营业线施工安全监测技术内容及标准，明确了邻近铁路营业线施工安全监测方案编制、监测点布置、监测数据采集及报告编制等的基本要求，提出了施工安全影响区监测等级划分方法，保障邻近铁路营业线的施工和运营安全。

（五）健全应急预案体系

铁路部门、企业、地方政府深入贯彻落实习近平总书记关于加强应急预案管理，健全应急预案体系，落实各环节责任和措施的重要指示精神，结合铁路安全规律和快速发展实际，总结历史上发生的重大事故应急处置经验，研判重大安全风险，不断完善各级各类应急预案。国家铁路局修订《国家铁路局突发事件综合应急预案》，编制国家铁路局处置铁路交通事故、火灾事故、自然灾害突发事件、危险货物运输突发事件、旅客大规模滞留突发事件、行车中断突发事件、货运安全突发事件、突发公共卫生事件、工程建设突发事件、川藏铁路工程建设突发事件等10项应急预案；各地区铁路监督管理局按照国家铁路局应急预案体系架构分别制定/修订本单位应急预案共计70项，健全了铁路监管部门两级"1+N"应急预案体系。各铁路企业分别结合生产实际，分领域、分层级、分类型开展防洪、地震、地质灾害、瓦斯爆炸、隧道坍塌、高空坠落、生态环境、火灾等突发事件应急预案制定/修订工作，制定岗位应急工作手册、现场处置和救援方案，企业突发事件应急预案体系不断完善。各级地方政府按照职责、分工和权限，积极组织辖区有关部门和单位制定/修订铁路交通事故应急预案、应急工作手册、现场救援方案等，铁路交通事故应急预案体系不断完善。与此同时，铁路部门、企业、地方政府积极开展铁路交通事故等应急预案的衔接工作，不断提升路地双方应急预案的可操作性和实用性，为铁路突发事件的有序协同高效处置奠定了预案基础。

（六）强化安全风险防控

铁路部门和企业认真贯彻落实《安全生产法》，坚持强基达标、从严务实，围绕防范重特大事故，加强风险分析研判，及时预警防范，强化监督检查，开展隐患排查，督促问题整改，严肃事故问责。

国家铁路局深化铁路安全生产专项整治三年行动，开展铁路安全"百日攻坚"、安全生产大检查，巩固隧道安全隐患排查整治成果，推进新铁德奥 CN 道岔质量安全隐患专项整治，完成时速 120 公里以上线路封闭、公跨铁桥梁移交、道口"平改立"等目标任务，排查整治铁路运输安全隐患 2 万余处，依法实施行政处罚 442 起，发放问题整改通知书 570 份。加强川藏铁路工程建设风险防控，完善川藏铁路工程建设质量安全监管体系，召开深化质量安全风险管控会议，部署防范化解重大风险工作，建立信息沟通机制，及时发出预警并督促整改。健全完善安全分析制度，印发《铁路安全形势分析管理办法》，强化周、月、季度定期分析，针对倾向性问题开展专题分析，准确把握安全趋势，为安全监管工作提供支撑。推进自然灾害、异物侵限、周界入侵监测预警体系建设，全面推行安全预警制

第二章　2021~2022年交通运输应急管理发展概况

度，对关键性、倾向性问题进行精准研判预警，发出安全预警313次，通过早提醒早安排早检查早督导，督促铁路企业提前部署、充分准备，强化责任落实、措施落实，促进安全风险的有效管控。

各铁路企业结合自身实际，健全完善安全生产管理制度，加快推进安全生产标准化建设，不断强化安全风险超前防范。国铁集团、国家能源集团等铁路运输企业，进一步修订完善铁路交通事故责任追究办法，分专业细化完善"黑天鹅""灰犀牛"事件管控措施，发布安全生产标准化管理体系基本规范和评分细则，通过全面检查、"回头看"和包保驻点等方式，分阶段组织开展以隧道病害、机车车辆无动力停留、高铁安全标准示范线建设等为重点的汛期行车、胀轨等季节性风险隐患安全生产大检查，整合救援基地、沿线监测系统等应急资源，完善应急指挥系统。中国铁建、中国中铁等铁路工程建设企业制定了进一步强化安全生产"十个坚决"的具体措施，成立由公司领导任组长的若干检查组对所属二级单位进行全覆盖式安全检查，组织开展以铁路营业线施工、特种设备使用和作业人身安全等为重点的安全风险隐患大排查大整治活动。中国中车、中国通号、中国物流等铁路专用设备修造企业，积极组织开展高铁钢轨打磨与焊接关键环节、高速动车组制动系统、机车车辆关键受力件及动车组车窗、铁路行车信号等重点行车设备设施风险隐患大排查大整治，对所属单位开展专项督查，消除了一大批铁路专用设备安全风险隐患。

（七）加强突发事件处置

2021~2022年，铁路部门和企业不断加强值班值守工作，强化值班值守力量，严守值班带班制度，时刻保持高度警觉，保持通信联络畅通。严格落实信息报送制度，加强突发事件信息分析研判和风险评估，不断提高突发事件处置能力，快速高效应对突发事件。每次突发事件发生后，有关部门和单位第一时间启动应急响应，按照应急预案开展应急行动，及时派人员赶赴现场开展处置救援。甘肃白银红会支线汽车撞击铁路桥梁造成货运列车脱轨坠桥事故、大秦铁路车列溜入区间与列车相撞脱轨事故、兰新线K596次旅客列车与作业人员相撞事故、贵广高铁D2809次动车组撞泥石流坍体脱轨事故以及青海门源县6.9级地震、四川雅安市6.1级地震等事故灾难和自然灾害发生后，铁路部门、企业、地方政府积极开展会商研判，分析事件影响范围，研究制定人员救治、旅客安抚、现场防护、列车停运增开、设备抢修、恢复行车、事故调查等应急救援和处置方案，确保在最短时间内组织人员到位、物资装备到位、指挥调度到位、处置救援到位，最大限度地减轻灾害事故的损失影响、保护人民群众生命财产安全。特别是"6·4"贵广高铁D2809次动车组脱轨事故发生后，铁路部门、企业、地方政府立即启动应急响应，分别派出由负责同志带队的工作组赶赴现场，协调指导铁路和地方应急救援力量，全力做好伤员救治、受损设备设施抢修、运输调整、舆情引导、现场秩序维护、事故调查等工作；同时，国家铁路局深入贯彻落实中央领导同志批示精神，全面加强汛期铁路安全隐患排查整治，从严从实从细开展安全生产大检查，坚决落实安全生产十五条硬措施，联合公安、应急、交通、自然资源等部门落实铁路沿线安全环境治理部际联席会议职责，组织开展高铁和旅客列车通行的干线安全环境隐患排查整治，通过通报、约谈、督办等监管措施，督促铁路运输企业落实主体责任，强化铁路自然灾害监测预警，进一步深化沿线安全环境治理，提升安全防护水平。

（八）健全协调联动机制

铁路部门和企业积极推动协调联动机制建设，建立健全持续高效的资源共享、应急联动、沟通交流的工作机制，充分发挥各方优势，形成工作合力。

一是建立由交通运输部、中央政法委、公安部、自然资源部、生态环境部、住房城乡建设部、水利部、农业农村部、应急管理部、国家能源局、国家铁路局、国铁集团等12个部门和单位组成的铁路沿线安全环境治理部际联席会议制度，国家铁路局、交通运输部、住房城乡建设部、国铁集团联合印发《关于铁路沿线安全环境管理"双段长"制实施指导意见》，国家铁路局会同应急管理部、公安部、交通运输部等部门制定《铁路沿线安全环境治理工作指南》，统筹协调铁路沿线安全环境治理的重大事项，压实路地各方责任，共同做好铁路沿线安全隐患整治工作。

二是推动31个省级政府全部建立厅际联席会议制度、"双段长"制，出台35部铁路安全地方性法规规章，7个省级政府建立地方铁路建设运营管理机构，30个省（区、市）建立"110"报警联动机制，5个省（区、市）建立"12395"涉航铁路桥梁联防联控机制，各部门各单位积极实施信息共享、措施共商、联手共防、联合监督执法，铁路沿线安全环境明显改善。

三是加强与国务院有关部门及地方交通、气象、地震、消防、水利、电力等部门的联动机制建设，签订铁路自然灾害监测预警合作协议，建立信息共享机制，加强防汛、防灾、应急管理等方面交流合作，为有序、有力、有效应对突发事件处置提供保障。

（九）加强突发事件应急演练

铁路部门、企业、地方政府坚持目标导向，对标铁路突发事件应急处置救援实战需求，按照应急预案演练规定定期组织开展本部门、本单位应急演练，积极组织开展多部门、多专业联合参与的大型综合性应急演练，科学编制演练脚本和实施方案，努力提升极端情况下突发事件应对能力。国家铁路局根据铁路应急管理工作实际，先后开展铁路交通事故、自然灾害、行车中断、旅客滞留等应急演练，各地区铁路监督管理局积极协调辖区地方政府、铁路企业定期组织或参与联合应急演练。铁路企业根据生产安全实际，及时组织开展高铁新线开通、动车组区间救援、隧道内救援、高坡地段救援等突发事件应急演练，定期开展防洪、自然灾害抢险、车辆脱线起复、设备设施故障、客车大面积晚点等各类应急演练，有针对性地进行不同场景下的实战演练，积极参与路地联合应急演练。

（十）提升科技保障水平

铁路部门和企业聚焦铁路本体、本质安全，开展"技防"关键技术攻关，积极推进数字技术与铁路业务融合发展，北斗导航、5G、大数据等先进技术在高铁得到成功应用，部分领域达到世界领先水平，为铁路发展提供了全方位的科技支撑。深化开展铁路领域北斗示范应用工程建设，持续提升铁路北斗服务平台服务能力，构建铁路北斗综合试验环境。基于北斗的集装箱定位技术已在中欧班列开展应用，开展基于5G的列车超视距应用研究和京张高铁现场试验，实现典型危情与关联视频上车，司机目视范围进一步延伸，应急处置能力得到提升。提出基于多源遥感的高铁外部环境安全隐患识别与风险评估技术方案，高铁外部环境安全技术攻关持续推进。系统研究设施设备检测监测技术路线，完善自我感知、健康管理、故障诊断等列车运行在途监测技术。深化高铁气象灾害监测技术研究，编制高精度中国高铁风雨雪灾害区划图，完善自然灾害监测、异物侵限报警和地震监测预警系统，实现对自然灾害和治安风险的立体防控。铁路运输企业针对地质、气候、水文等地理特征，在人防、物防的基础上，强化技防手段，综合运用无人机、激光雷达、卫星定位、大数据等科技手段，全方位、立体化、常态化开展洪水、台风、滑坡、鸟害等影响铁路运输安全的灾害隐患排查，有效提升预警能力，切实做好铁路防灾减灾工作，用科技为安全护航。

第三节 公路领域

公路交通作为国民经济的基础性、先导性、战略性产业和服务性行业，坚持贯彻高质量发展理念，不断提升应急保障能力。公路里程持续增长，截至2022年底，全国公路总里程达535.48万公里。其中，高速公路17.73万公里，一级公路13.48万公里，二级公路43.16万公里。

据路网中心统计，2022年共计收到30个省（区、市）上报的突发性公路阻断事件104850起（其中，中断类16148起，阻塞类88702起），累计阻断里程约149.44万公里，共计造成745条高速公路、576条国道和951条省道局部路段通行受阻。其中，恶劣天气类公路阻断事件24298起，约占23.17%；地质灾害类公路阻断事件1542起，约占1.47%；事故灾难类公路阻断事件31376起，约占29.92%；车流量大类公路阻断事件17746起，约占16.93%；其他突发类公路阻断事件29888起，约占28.51%。2022年我国（不包括台湾地区数据）共计发生5.0级以上地震27起、6.0级以上地震5起，共接报20起因地震造成交通阻断的报告。

（一）研究构建科学完备的交通运输应急管理体系

1. 研究探索公路预警与应急体系建设方案

积极落实《关于加强交通运输应急管理体系和能力建设的指导意见》，立足行业发展，编制了"十四五"公路预警与应急体系建设方案。根据交通运输部推进公路隧道高质量发展工作分工安排，完成了《公路隧道突发事件应急预案编制导则》修改完善工作。

2. 加强应急值守与信息报送工作

加强值班专业化建设，全力做好突发事件处置。开展 7×24 小时全天候路网监测调度，修订《公路阻断信息报送制度》，进一步规范公路阻断事件报送工作，强化"部省站（段）"调度机制，在日常路网运行监测调度与突发事件应急处置中发挥了重要作用。

（二）毫不放松抓好新冠疫情常态化防控

1. 落实公路疫情防控部署，做好决策支撑

加强各类涉路防疫信息监测、统计与上报，每日调度各地高速公路收费站、服务区运行情况，指导地方按照联防联控机制要求科学设置防疫检测点，强化拥堵路段交通疏导，避免人员车辆长时间滞留。

2. 深化公路保通保畅工作，完成多项重点保障任务

建立公路保通保畅专班，形成专班调度机制，重点做好公路防疫、迎峰度夏电煤保供、汛期抢通保通、改扩建施工保通、秋粮收割机具运输等保障工作，保障电煤等重要物资运输，服务经济社会平稳发展。

（三）提升系统全面的风险防控能力

1. 全力推进自然灾害综合风险公路承灾体普查

通过自然灾害综合风险公路承灾体普查工作摸清公路灾害

风险点底数。制定《关于加强第一次自然灾害综合风险公路水路承灾体普查成果应用的指导意见》，完成普查风险评估区划，并出版《自然灾害风险公路防治工程实施技术指南》，印发《交通运输部办公厅关于做好公路自然灾害综合风险数据动态更新工作的通知》，组织各省（区、市）开展自然灾害风险数据动态更新工作，为公路灾害防治工程项目实施、提升基础设施韧性奠定良好基础。

2. 持续做好极端天气预警预防工作

落实交通运输部联合公安部、中国气象局印发的《关于联合开展省级恶劣天气高影响路段优化提升工作督办的通知》的有关要求，持续推进恶劣天气高影响 108 条路段优化提升工作。常态化开展公路交通气象预报预警工作，全年累计发布公路气象预报 365 期、重大公路气象预警 68 期。

3. 不断提升路网运行监测能力

基本建成视频云联网系统，已累计接入 17.3 万路高速公路视频图像，视频接入率达 91%，日均在线率约 88%，大部分桥梁、隧道以及收费站、服务区等均已纳入"可视化"监测范围。

（四）增强现代高效的应急处置能力

1. 重大突发事件应急处置

持续做好公路交通重大突发事件应急处置工作，完成了青海门源 6.9 级地震、四川泸定 6.8 级地震、3 号台风"暹罗"、12 号台风"梅花"及各类地质灾害、交通事故、恶劣天气的应急处置工作；交通运输部派出现场应急工作组，赴四川泸定、内蒙古等地开展现场指导工作。

2. 持续推进高速公路车辆应急救援工作

结合2021年交通运输部"我为群众办实事"——高速公路"安心行"项目，持续推进高速公路车辆救援工作规范化，优化完善车辆救援信息统计系统，推进辽宁、江西、贵州和广东四省试点省份数据填报和系统对接工作。

3. 完善公路应急物资储备体系

推进国家区域性公路交通应急装备物资储备中心建设，截至2022年底，已有15处国家区域性公路交通应急装备物资储备中心投入运营；交通运输部联合国家发改委印发《国家区域性公路交通应急装备物资储备中心布局方案》，进一步优化布局；加强储备中心管理，加强对河北、山东、湖南、广东、陕西和新疆等省（区、市）在建储备中心建设的指导，修改完成《国家区域性公路交通应急装备物资储备中心管理办法（征求意见稿）》。

4. 积极推动公路应急信息化和智能化建设

加快推进自然灾害综合风险交通行业数据库建设，同时打造集公路预警与应急业务的全链条管理于一体的业务保障平台，并实现了与国普办、公安、气象等部门的灾普数据共享及公路气象数据的智能信息交互，规范了交通运输行业自然灾害风险数据并实现数据的动态更新和共享。

5. 强化分析研判，做好重点时段路网运行保障

组织编制《公路网运行评价技术规范》，强化路网运行分析研判，深化部省、路警等多方联动，做好北京冬奥会和冬

残奥会、党的二十大等重要活动，以及全年7个重大节假日、春运、暑期等重点时段的服务保障工作。指导北京及周边省份强化装备物资和人员调度与准备工作，保障北京冬奥会和冬残奥会期间路网运行安全。交通运输部督导组赴上海、广东和江西等地开展驻地包保工作，保障党的二十大会议期间安全稳定。

6. 扎实做好应急演练和处置评估工作

圆满完成了北京冬奥会交通保障应急演练，参演队伍就地转为冬奥会保障队伍，为冬奥会和冬残奥会胜利召开提供了良好的交通保障。交通运输部路网中心联合甘肃省公路交通主管部门和青海省公路应急装备物资储备中心，参与完成应急管理部"应急使命·2022"应急演练。指导地方公路部门做好应急演练组织实施和评估等工作。

7. 积极推进应急标准化研究

研究构建公路交通应急标准体系，印发《自然灾害风险公路防治工程实施技术指南》指导公路灾害防治工程实施，推进行业标准《公路交通应急装备物资储备中心建设规范》编制，开展《公路安全预警与应急技术规范》标准编制研究工作。

第四节 海上搜救领域

2022年，国家海上搜救和重大海上溢油应急处置部际联席会议各成员单位坚持以习近平新时代中国特色社会主义思想为指导，认真学习领会党的二十大、中央经济工作会议精神，坚决贯彻党中央、国务院和中央军委决策部署,深入落实"疫情要防住、经济要稳住、发展要安全"总要求,齐心协力、担当作为,统筹疫情防控和海上搜救、重大海上溢油应急处置工作,持续加强海上搜救应急体系和能力建设,妥善处置海上突发事件,出色完成各种急难险重任务,海上搜救应急成效显著。全年共组织协调海上搜救行动1634次,成功救助中外遇险船舶976艘、中外遇险人员9907人,搜救成功率达96.4%,为社会主义现代化建设、经济社会可持续发展、国家战略实施提供了可靠的海上搜救应急保障(见表2-1~表2-8)。

表2-1 2022年组织协调海上搜救行动次数

单位:次

类型	次数
碰撞	160
搁浅	150
自沉	90
机损	207
火灾/爆炸	52
触礁	24
风灾	6
触损	21
浪损	1
伤病	446
其他	477

表 2-2 2022 年搜救部门组织、协调、指挥搜救行动次数

单位：次

单位	次数	单位	次数
黑龙江省水上搜救指挥中心	4	浙江省海上搜救中心	92
辽宁省海上搜救中心	180	福建省海上搜救中心	147
河北省海上搜救中心	58	广东省海上搜救中心（含深圳）	458
天津市海上搜救中心	38		
山东省海上搜救中心	88	广西海上搜救中心	135
连云港海上搜救中心	66	海南省海上搜救中心	80
上海海上搜救中心	217	长江干线水上搜救协调中心	25
吉林省地方海事局	17	江苏省地方海事局	2
辽宁省地方海事局	1	湖北省地方海事局	1
甘肃省地方海事局	6	福建省地方海事局	19

表 2-3 2022 年按遇险区域统计遇险次数

单位：次

区域	次数	区域	次数
渤海海区	275	长江上游	2
黄海海区	154	长江中游	9
东海海区	454	长江下游	14
南海海区	466	内河支流	172
黑龙江	2	水库湖泊	5
珠江	76	其他	5

表 2-4 2022 年按遇险等级统计遇险次数

单位：次

项目	一般	较大	重大	特大
次数	1497	125	12	0

表 2-5　2022 年救助遇险人员情况

单位：人

	遇险人员		获救人员		死亡失踪人员	
	中国籍人员	外籍人员	中国籍人员	外籍人员	中国籍人员	外籍人员
人数	9250	1049	8862	1045	388	4

表 2-6　2022 年救助遇险船舶情况

单位：艘

	遇险船舶		获救船舶		沉没船舶	
	中国籍船舶	外籍船舶	中国籍船舶	外籍船舶	中国籍船舶	外籍船舶
数量	1046	88	892	84	154	4

表 2-7　2022 年协调搜救船艇艘次

单位：艘次

	海事	救捞	军队力量	社会力量	渔船	过往船舶
数量	1115	273	298	2575	4653	3445

表 2-8　2022 年协调搜救飞机架次

单位：架次

	海事飞机	救助飞机	军队飞机	社会飞机
数量	22	198	8	73

（一）坚持系统观念，海上搜救应急体系进一步健全

各成员单位密切配合、分工协作，不断加强顶层设计，持续强化体制机制建设，持续优化预案程序，海上搜救应急体系进一步健全。

一是报请国务院同意，23个部门和单位联合印发《关于进一步加强海上搜救应急能力建设的意见》，加快构建"决策科学、指挥有力，全面覆盖、布局合理，专常兼备、本领高强，反应灵敏、快速高效"的海上搜救应急能力体系。

二是交通运输部持续深化落实《国务院办公厅关于加强水上搜救工作的通知》，组织召开海上搜救经验交流研讨会，强化典型经验交流借鉴，推动健全完善长江干线水上搜救体制机制，有力推进长江干线三个水上应急救助基地建设。建立险情信息通报机制，及时向有关省级地方人民政府、联席会议成员单位等通报海上突发事件信息，督促落实各方责任。启动《国家海上搜救应急预案》《国家重大海上溢油应急处置预案》修订前期研究工作，完善海上搜救应急预案体系。

三是生态环境部编制出台《海洋石油勘探开发溢油污染环境事件应急预案》，明确应急组织体系、响应流程、信息管理发布和保障措施等，推动完善海洋环境应急管理机制。开展"海洋环境风险应对"专题研究，推进海上溢油应急响应法制化建设。

四是应急管理部、民政部等联合印发《关于进一步推进社会应急力量健康发展的意见》，编制发布《社会应急力量建设基础规范》，明确水上搜救、潜水救援等社会应急力量建设标准。自然资源部组织编制《海上搜救目标漂移试验规范》《海上搜救环境保障系统建设技术规范》等技术规范，为海上搜救应急提供更精细的环境数据。民航局组织修订《搜寻援救民用航空器工作手册》，进一步明确民航局搜救协调中心、地区搜救协调中心职责和协调关系。

五是海洋油气开发企业稳步推进海上搜救和重大海上溢油应急管理工作。中国海油整合专业公司资源，成立溢油应急中心，做强做实塘沽、惠州两个中心基地，中国石油开展南海救援站建设，中国石化胜利海洋应急中心积极组织开展联合应急演练，共同推进海上溢油应急协作机制建设，加快构建"海陆联动、专兼常备、多专业协同"的溢油应急响应新格局。

（二）坚持能力优先，海上搜救应急能力进一步提升

各成员单位聚焦基层、基础、基本功，不断优化调整应急力量布局，深入推进队伍装备建设，强化科技攻关、技术突破、实战锻炼等，全面提升海上搜救应急能力。

一是经部际联席会议审议同意，交通运输部发布实施《国家重大海上溢油应急能力发展规划（2021—2035年）》，开工建设6个国家船舶溢油应急设备库，溢油应急能力布局进一步优化，应急响应效率进一步提升。南沙海上搜救中心、交通运输部南海第二救助飞行队在南沙岛礁挂牌成立，专业救助直升机进驻南沙岛礁值守，大型巡航救助船"海巡03"轮、"海巡06"轮列编，深远海搜救应急能力显著提升。

二是中国海上搜救中心组织开展海上搜救应急能力建设试点，重点提升翻扣船舶被困人员快速搜救、船舶规范执行搜救任务、搜救现场指挥等专项业务能力。交通运输部分别联合广东省人民政府、中远海运举办2022年国家海上搜救综合演练、反海盗船岸联合演练等国家级演习演练，重点提升实战能力。

三是工业和信息化部、海关总署、民航局、中国石油、中国石化、中国海油、中远海运、招商局等持续更新配备海上搜救应急装备设施，组织开展海上搜救应急相关专项训练和业务培训，常态化开展海上搜救应急演习演练，重点提升综合应急能力。

四是中国海上搜救中心开展"应急值班规范年"活动，规范值班值守运行管理，双周开展应急值班工作视频点名，督促指导行业扎实做好搜救应急值班值守工作。交通运输部推进交通运输调度与应急指挥系统迭代升级，优化信息系统功能，打造专业化的应急值守机构、智能化的信息交互中心和常态化的调度指挥平台。农业农村部全国渔业安全应急中心、全国渔业安全应急值守电话"95166"、全国渔业安全事故直报系统组成的"一网一号一中心"正式开通运行，渔业安全应急值守和响应机制不断健全。

五是自然资源部建立粤港澳大湾区精细化海流预报系统，有效提升了区域海洋环境实时感知能力。中国生态环境部指导推动"中国环监浙001"和"中国环监苏001"应急监测船舶列编，组织海上油气勘探开发企业开展溢油风险排查评估，加快环保船舶适应性改造，完成海上油气勘探开发环境应急油指纹库油指纹鉴别系统三期建设，构建辽东湾等46个重点海湾和长江口等7个主要河口的水动力基础场，有效提升海上溢油漂移预测预警支撑能力。中国地震局积极开展海域地震新技术研究和10余个海域地震台站建设，进一步提高海域地震监测预警能力。国防科工局持续加快国家民用空间基础设施建设，初步形成"四高、三全"（高空间分辨率、高时间分辨率、高光谱分辨率、高精度，全天时、全天候、全球观测）先进对地观测能力。

（三）坚持统筹协同，海上搜救应急合力进一步凝聚

各成员单位牢固树立"一盘棋"意识，同规划、同部署、同落实，充分发挥职能优势，不断深化协作联动，联合出台制度文件，联合推进专项治理，联合进行指导监督，有效凝聚起强大的海上搜救应急处置合力。

一是交通运输部、中央军委联合参谋部推动健全完善军地海上搜救协调机制，积极参与联合搜救演练训练，深化航空搜救能力培训合作，配合海军做好护航行动协调保障。2022年，共协助海军完成84批129艘次中外船舶的护航任务。

二是国家发展改革委、交通运输部组织开展《国家水上交通安全监管和救助系统布局规划（2021—2035年）》编制工作。国务院安委办、自然资源部、交通运输部、国资委、能源局联合印发《关于进一步加强海上风电项目安全风险防控工作的意见》，督促落实企业主体责任，加强施工、运维安全管理和应急保障，促进海上风电安全可持续发展。

三是公安部将海上搜救和重大溢油预警防范工作纳入沿海社会治理范畴，指导沿海公安机关与属地海上搜救中心建立常态化预警通报、情报会商、联合处置机制。交通运输部、农业农村部联合开展"商渔共治2022"专项行动，有效防范遏制商渔船碰撞事故，商渔船碰撞事故数量和死亡失踪人数分别下降78%、75%。

四是财政部通过交通运输部门预算统筹安排6830.7万元，用于海上搜救奖励、应急处置与演习、海上溢油应急处置实验系

统等建设，安排1073万船舶油污损害基金，用于船舶油污损害应急处置。交通运输部印发《加强水上交通运输安全监管专项工作方案》，对重点时段水上交通运输安全监管工作进行部署。卫生健康委积极指导开展海上突发事件紧急医学救援工作，及时调派专家强化伤员救治和心理疏导工作。

五是工业和信息化部发挥国家通信网应急指挥调度系统、天通卫星应急管理平台等作用，动态监测海上船舶、平台、漂浮物等，为海上搜救应急提供信息化技术支撑。气象局推动各级气象、海事部门建立常态化沟通机制，天津、河北、上海、福建、广西等省（区、市）气象局与当地海事部门签署海上作业安全气象服务合作协议。国家能源局指导三大海洋油气开发企业深化溢油应急战略联盟交流合作，推动企业间海上溢油应急处置工作资源共享、优势互补。

（四）坚持开放合作，海上搜救应急国际影响进一步增强

各成员单位秉承人类命运共同体理念，努力克服新冠疫情影响，积极深化国际交流合作，大力推动签订双边海上搜救合作文件，联合开展区域通信演习，通过视频参加国际搜救会议等，实现了疫情防控下国际交流合作的机制化、正常化。

一是外交部、交通运输部积极推动中、日、韩、俄四国搜救务实合作，推进中俄签订海上搜救合作备忘录，举行第十四轮中日海洋事务高级别磋商，召开中韩海洋事务对话合作机制第二次会议，就进一步加强日常海上遇险处置合作、相互救助遇难渔船等深入交换意见。

二是外交部牵头举行中越海上低敏感领域合作专家工作组第十五轮磋商，就"中越海上搜救合作协定"进行多轮磋商。

三是中国海上搜救中心与美国火奴鲁鲁海空联合搜救协调中心开展中美海上搜救通信演习，成功举办 2022 年中老缅泰澜沧江—湄公河水上联合搜救桌面推演。辽宁、山东、上海、浙江等省市海上搜救中心分别与韩国、日本相关海区海上搜救机构开展区域海上通信演习。

四是交通运输部密切跟踪国际海盗和武装劫船事件的发展动态，及时提醒有关方面做好预警防范工作，反海盗领域合作持续深化。

五是各成员单位积极参加国际海事组织、国际民航组织相关国际搜救会议，发出中国声音，提出中国主张，进一步增强了国际影响力。北斗系统成为第三个国际海事组织认可的全球海上遇险与安全系统卫星通信系统，成功加入国际中轨道卫星搜救系统。

第五节　民航领域

（一）典型突发事件应对情况

2021~2022 年，民航各单位先后妥善处置多起行业突发事件，积极应对强降雨、台风、地震等自然灾害，最大限度地减少了突发事件造成的影响。全行业妥善处置"3·21"东航坠机、"5·12"西藏航偏出跑道等重大突发事件，有效降低"暹芭"

"梅花"等台风和极端恶劣天气对民航运行的影响，积极参与"云南鲁甸""甘孜泸定"抗震救灾和重庆山火救援，高效完成航空应急运输保障任务。

1.妥善处置行业突发事件

全行业妥善处置"3·21"东航坠机、"5·12"西藏航偏出跑道等重大突发事件，尤其是"3·21"事故发生后，民航相关单位按照习近平总书记重要指示精神，在党中央、国务院的坚强领导、周密部署和具体指导下，第一时间启动应急机制，协同高效完成现场搜救，及时主动进行舆情应对，依法依规开展技术调查，用心用情完成善后理赔，未发生次生、衍生灾害，行业应急处置能力经受住了实战考验。

妥善处置"2·20"东海航空机组空中发生冲突、"3·1"北大荒通用航空坠机、"3·19"北京泛亚通航坠海以及"8·29"华夏航在阿克苏机场偏出跑道等行业突发事件。

2.积极应对强降雨、台风、地震等自然灾害

民航各单位深入贯彻落实习近平总书记对防汛救灾工作作出的重要指示精神，统筹安全运行和防汛救灾工作，密切配合，积极应对"烟花"等台风、"7·20"郑州区域特大暴雨等自然灾害，各地区整体运行平稳有序。按照党中央、国务院决策部署，高质量完成云南漾濞县、青海玛多县抗震救灾和陕西蓝田抗洪抢险等一系列应急救援和紧急运输保障任务。

3.高效完成航空应急运输保障任务

按照统一部署要求，民航积极参与"云南鲁甸""甘孜泸定"抗震救灾和重庆山火救援工作，高效完成了航空应急运输任务。

第二章 2021~2022年交通运输应急管理发展概况

（二）加强应急管理工作情况

1. 深入学习贯彻落实国家应急工作部署，进一步强化政治担当

应急管理是国家治理体系和治理能力现代化的重要组成部分。近两年，全行业认真学习贯彻落实习近平总书记关于安全、防灾减灾和突发事件处置等工作的重要指示精神，扎实推进各项工作。一是严格贯彻落实疫情防控部署，在党中央、国务院坚强领导下，民航因时因势调整防控策略，采取有力措施，指导航空公司、机场等重点单位开展涉疫应急处置，高效统筹疫情防控与行业恢复发展。二是提高防灾减灾能力，认真贯彻落实国家减灾委、国务院抗震救灾指挥部工作部署，通过组织开展"5·12"全国防灾减灾日、"10·13"国际减灾日主题宣传和检查治理活动，行业各单位不断加大人员、设施设备投入力度，防灾减灾能力得到进一步提升。三是认真开展中央巡视整改，印发《民航跨部门联合实战化应急演练工作指南（试行）》，组织开展全国应急预案操作性专项检查和机场应急救援设施设备专项普查，高质量完成集中整改阶段各项任务。

同时，根据民航局深化改革工作部署，各成员司局结合职责成立了完善民航应急管理体系改革工作组，主要体现在如下方面。

（1）有序推进规章制度建设

修订印发《中国民用航空局处置民用航空器事故应急预案》，制定《机场协同决策系统技术规范》，行业应急管理规章制度进一步丰富完善；完成《运输机场残损航空器搬移管理办法》《运输机场应急救援预案编制标准》《民用运输机场应急救援演练督导工作规范》《民航局重大、紧急、特殊航空运输保障工作预案》等规范性文件、标准的起草工作；制定《民航系统运行单位值班领导持证上岗管理办法》和《机场协同决策系统技术规范》；全面启动《运输机场应急救援预案编制标准》《民航消防安全管理规则》《民用运输机场应急救援演练督导工作规范》等规章、规范性文件的制定/修订工作，为后续工作奠定了基础。

（2）逐步完善应急监管体系

按照民航局监管工作要求，对综合应急监管工作进行系统梳理优化，完成了民航应急管理监管事项库修订，编制"立法者释法"指导材料，明确监管标准、流程和职责边界；完善民航应急监管专业培训大纲和课程体系，推动应急专业高级监察员选拔和队伍建设，进一步提升一线应急监察员监管能力。

（3）持续优化推进协同运行能力机制建设

为落实民航局深化改革工作会上关于将民航应急管理工作融入日常安全运行工作的指示要求，不断强化行业协同，将应急工作融入生产运行的各个环节，先后不断加强协同能力建设，提升航班大面积延误应急处置能力。印发了《民航局关于推进中小机场运行数据共享工作的指导意见》，首次将应急管理资源数据纳入数据共享目录清单；指导协调空管局、航空公司和机场开展《中南地区航班协同改航工作程序》《区域航班计划动态调整工作程序》《粤港澳大湾区机场联合运管委协同备降工作程序》等工作程序编写，在华北地区完成京津冀四场区域运管委协同机制试点工作,组织开发航班计划动态调整工具,试点开展中小机场航班调时。

2. 扎实推进应急领域改革建设,提升关键环节应急处置能力

民航局成立了应急专项改革工作组,各成员单位协同配合,扎实推进《完善民航应急管理体系改革方案(2022—2025)》,改革工作取得阶段性成效。

一是加强机场应急救援能力建设,加快全国军民航机场应急救援联合比武对抗赛相关筹备工作,开展真火消防训练,全年累计开展50期航空器真火实战培训,军民航共计363个机场、场站1953名消防指战员参训,有效保障军民航新技术共享和人才联合培养机制顺利落地。

二是加强关键系统业务连续能力建设,民航局组织编写了《运输机场业务连续性能力评估指南》,提升运输机场持续运行能力,编制了《民航空管系统空中交通管制服务应急接管总体方案》等规范文件和技术标准,建立民航通信网主备网控中心常态化切换运行机制,实现民航通信网核心管理功能的异地备份功能。

三是进一步提升航空应急救援能力,印发《"十四五"通用航空发展专项规划》,民航局会同交通运输部等部门下发《关于进一步加强海上搜救能力建设指导意见》,进一步深化通用航空在海上搜救、森林草原防灭火等抢险救灾领域应用,落实空地保障、资金补贴等支持措施。

3. 深化应急管理体系建设,夯实行业应急工作基础

应急管理体系建设是做好应急处突的工作基础,两年来,各相关单位持续开展"一案三制"建设，应急管理工作得到进一步夯实。

一是完善应急规章制度建设。民航局相关司局积极参与《中华人民共和国突发事件应对法》等法律法规修订工作，组织印发了《运输机场残损航空器搬移管理办法》《运输机场消防队管理规定》等一批应急工作规范性文件。

二是加强应急预案体系建设。民航局制定《通用航空应急救援工作程序》并推广经验，进一步加强与地方政府的协同应对能力，下属司局制定/修订一批涉及行业处置网络安全、突发公共卫生事件、涉台和涉外事件的应急预案，各地区管理局、监管局制定/修订183件本级应急预案，组织民航企事业单位完成预案备案800余件。为增强应急预案的针对性、实用性和可操作性，提升应急管理工作水平，增强抵御事故灾害能力，民航局应急办立足本职，不断创新预案备案机制，将各地区管理局备案的预案同时抄送抄报各相关业务司局，下发了《关于持续加强应急预案管理工作的通知》，督促指导各单位积极开展应急预案优化完善工作，落实应急预案备案制度，建立健全"横向到边、纵向到底、上下对应、内外衔接"的应急预案体系。据统计，2021年各地区管理局、监管局共制定/修订预案149件，完成企事业单位应急预案备案548件。

4. 完善应急管理机制，增强与地方政府的协同联动

民航局根据国家应急体制改革情况，在民航局与国家部委协议框架下，增强行业各部门与地方政府部门的协同联动，积极推进民航机场纳入地方应急体系，不断提升行业突发事件应对能力

第二章　2021~2022年交通运输应急管理发展概况

和国家应急体系民航战略支撑作用。

一是推进地区管理局、监管局以及通航企业与当地政府部门在航空医疗救护、航空应急救援以及基地建设方面的合作。华东管理局积极推动上海龙华通用航空机场与上海市瑞金医院医疗救护合作机制，建立了民航、医疗两个行业常态化交流、沟通机制，实现了医院、通航企业之间积极开展转运的实践；东北管理局联合辽宁省消防救援总队在沈阳桃仙机场开展了航空应急投送演练，推动了《辽宁省航空应急救援合作框架协议》落地，深化了协议单位之间的合作；山西省通航集团深度参与优化山西省航空应急救援体系建设，在火情处置、防汛等方面为地方政府提供空中保障及无人机巡查等航空力量支援。

二是积极融入地方应急管理体系。天津监管局与天津市应急管理局、交通运输委员会等多家地方单位就天津市总体应急预案体系建设进行了深入探讨和研究，协助建设与完善地方应急预案体系。山西监管局积极参与山西省应急管理工作，开展了《山西省处置民用航空器飞行事故应急预案》的评审工作，与山西省工信厅等多部门联合印发了《山西省建立健全应急物流体系实施方案》，为地方应急体系建设提供了民航行业支持；河北省6家民用运输机场和4家通用机场均已被纳入地方政府的应急救援体系，两家驻场运输航空公司、河北空管分局及中航油河北分公司依托石家庄机场也被纳入地方政府应急救援体系。

5. 广泛开展应急演练，提高应急处突能力

2021年，民航局参加了国务院抗震救灾指挥部办公室、应急管理部、四川省人民政府联合开展的"应急使命·2021"地震应急演习,进一步提升了行业抗震救灾处置能力。民航各单位开展大型综合演练258次,民航局和各地区管理局、监管局开展演练督导152次,切实达到了锻炼队伍、磨合机制、检验预案的良好效果。尤其是2021年5月25日,民航局举行的"护航2021"民航反劫机综合演练,共有22家民航单位、18家国家和地方单位参与演练,涵盖非法干扰、反劫机、消防、急救、运行调整和地空联动、军地联动、社会支援力量联动等多个方面,充分展示了近年来民航空防安全能力水平。

2022年民航相关单位积极参加国家"应急使命·2022""2022年国家海上搜救综合演练"等大型综合演练,圆满完成涉民航科目。2022年全行业共组织大型综合演练175次,民航各地区管理局、监管局共开展121次演练专项督导,指导民航企事业单位发现问题、完善预案。

第六节　邮政领域

(一)树立安全发展理念

组织全系统观看"生命重于泰山——习近平总书记关于安全生产重要论述"专题片。在全行业全系统积极宣贯新修订的《安全生产法》,进一步强化安全生产责任担当,树牢安全"红线"意识。

第二章　2021~2022年交通运输应急管理发展概况

（二）提升安全生产治理能力

对企业总部制发安全生产风险提示函、警示函以及进行行政约谈，对企业涉嫌未按规定实行安全保障统一管理的进行立案查处，召开邮政快递业安全生产协调领导小组会议暨安全生产规范化培训现场会，切实强化安全监管压力传导。部署开展邮件快件处理场所规范化提升行动，深入开展作业场地"四不"问题整治。部署开展车辆交通、火灾等事故隐患集中排查整治，严防群死群伤事故。深入推进安全生产专项整治三年行动，部署开展为期9个月的安全生产大检查。督促各地各企业巩固深化作业场地传送带堵缝、人车分流两项任务整治。

（三）推进平安寄递建设

充分发挥寄递安全联合监管机制作用，持续强化寄递安全综合治理，严密防范涉枪涉爆、涉毒涉危、涉黄涉非及侵权假冒、受保护野生动植物等禁寄物品流入寄递渠道。会同最高人民法院等发布司法意见，依法惩治寄递易燃易爆危险物品行为。针对"互联网+寄递"涉毒违法犯罪严峻态势，公安部、国家邮政局、国家禁毒办联合开展寄递渠道禁毒百日攻坚行动。国家邮政局党组召开会议专题研究最高人民检察院"七号检察建议"，下发方案部署全系统抓好落实，会同相关部门协同推进寄递安全问题综合治理和源头治理，切实减少和预防寄递违禁品犯罪案件发生。国家邮政局会同国家烟草专卖局联合发布《关于电子烟产品、雾化物、电子烟用烟碱等限量寄递的通告》，联合国家禁毒办、应急管理部等部门，强化易制毒化学品、危险化学品等安全管控。会同公安部、国家网信办联合开展邮政快递领域个人信息安全治理专项行动。推动出台《快递电子运单》国家标准。在北京地区开展邮政快递领域平安员建设试点，在基层网点设立平安员。

（四）夯实安全保障基础

将行业安全作为重要内容纳入《"十四五"邮政业发展规划》；出台《邮件快件智能 X 射线安全检查设备技术要求》，推广应用智能安检设备；将处理场所安全管理、安全隐患排查整治等要求纳入《快递市场管理办法》修订内容；研究起草《邮政企业、快递企业安全生产管理体系建设指南》，推动行业安全生产标准化体系建设。将安全生产列入"双随机、一公开"监管重要事项。12 部门联合出台《关于进一步加强邮件快件寄递安全管理工作的指导意见》，对原有九部门寄递安全联合监管机制进行升级完善。制定《安全生产专家库管理办法》，安全生产标准化、制度化水平有效提升。深入推进"绿盾"工程视频联网、安检机联网应用，"互联网+监管"支撑作用在疫情防控背景下得到充分发挥。

（五）增强应急管理能力

国家邮政局会同应急管理部、民政部修订原《赈灾包裹寄递服务和安全管理规定》，联合印发《救灾捐赠包裹寄递服务和安全管理规定》。持续加强行业运行监测预警、舆情监测以及突发事件信息报告工作。遇有自然灾害、事故案件、经营异常、负面舆情等行业突发事件，及时与相关省份邮政管理部门和寄递企业总部进行沟通对接，强化应对处置。督促指导企业严格落实行业维稳应急处置"四个一"机制要求，开展基层快递网点涉稳风险排查，有针对性地防范化解行业矛盾纠纷，切实维护行业稳定。认真贯彻落实党中央决策部署和国务院联防联控机制要求，持之以恒狠抓行业疫情防控，坚决筑牢行业疫情防控屏障。

（六）完成寄递安保任务

先后圆满完成全国两会、第十四届全运会、北京服贸会、建党百年、北京冬奥会和冬残奥会、党的二十大等重大活动寄递安保任务，重大活动、重要时段期间行业生产安全有序，运行态势整体平稳，得到中央领导同志充分肯定。

第三章
交通运输应急管理制度和标准规范体系建设

"一案三制"建设是持续推进交通运输应急管理体系发展和能力建设的核心。应急管理体制机制是应急管理工作的机构和制度基础，加强交通运输应急管理体系和能力建设，需要明确交通运输各部门的应急管理任务边界，充分发挥各领域各级别交通运输主管部门和应急工作议事协调机构在日常应急管理和突发事件应急处置中的作用，健全分工负责、分级响应机制，明确各级各类突发事件响应程序，建立边界清晰、权责一致、上下联动、协同高效的交通运输应急管理体制机制。应急预案体系是应急管理体系的重要组成部分，其建立和运行需要应急管理体制、机制和法制的支撑保障，同时也是应急管理体制、机制、法制在突发事件应对工作中的综合运用和具体体现。加强交通运输应急预案管理，要优化顶层设计，逐步健全以国家突发事件总体应急预案为纲，覆盖铁路、公路、水路、民航、邮政等各领域的应急预案体系。应急管理法制是一个国家在非常规状态下实行法治的基础，是一个国家实施应急管理行为的依据，也是一个国家法律体系和法律学科体系的重要组成部分。要坚持运用法治思维和法治方式提高交通运输应急管理的法治化水平，提升行业应急管理行政决策和日常应急管理工作规范化水平，完善交通运输突发事件分类分级规范处置规程，建立健全各级交通运输应急工作标准、规范和指南，实现数字化应用和动态化管理。

第一节　铁路领域

（一）《关于加强铁路沿线安全环境治理工作的意见》

2021年5月，经国务院同意，国务院办公厅转发了交通运输部、中央政法委、公安部、自然资源部、生态环境部、住房城乡建设部、水利部、农业农村部、应急部、国家能源局、国家铁路局、中国国家铁路集团有限公司等单位《关于加强铁路沿线安全环境治理工作的意见》（以下简称《意见》），对加强铁路沿线安全环境治理工作提出了指导意见。

1. 出台背景和意义

铁路是国民经济大动脉、国家重要基础设施和大众化交通运输工具，是我国综合交通运输体系的骨干，截至2020年底，铁路运营里程已达14.6万公里，其中高铁3.8万公里，在我国经济社会发展中的地位和作用至关重要。党中央、国务院高度重视铁路安全工作，习近平总书记分别就高速和普速铁路安全作出重要指示，国务院领导多次作出重要批示，为铁路沿线安全环境治理指明了方向。各地各有关部门高度重视，迅速部署开展铁路沿线安全环境隐患排查整治，2019年底以来，全国已消除高速铁路沿线6万余处、普速铁路沿线14.4万余处各类安全隐患，铁路沿线安全环境治理工作取得了显著成效。但一些历史性、深层次的问题整改难度大，严重威胁铁路行车安全，需要各方合力攻坚、彻底整治；部分问题隐患具有反复性、复杂性的特点，治理涉及面广，需要明确各方责任，开展常态化管理，形成治理长效机制。

《意见》的发布，是党中央、国务院统筹铁路领域安全和发展、加强铁路沿线安全环境治理的重大部署，是交通领域保障铁路安全、推进交通强国铁路先行战略的重要体现，也是国家铁路局党史学习教育走深走实、扎实为群众办实事、强化铁路安全监

第三章　交通运输应急管理制度和标准规范体系建设

管的重要举措。《意见》的实施，有利于促进形成上下联动、横向贯通、多方合力的治理工作局面，有利于进一步健全完善治理长效机制、促进消除铁路沿线安全隐患，有利于保障铁路安全畅通、维护人民群众生命财产安全，必将对新时代中国铁路的安全发展、高质量发展起到重要推动作用。

2.主要内容解读

《意见》分为四个部分，共11条。从铁路沿线安全环境治理的总体要求、提升多方共治合力、实施专项行动、增强监管能力等方面，全面指导强化铁路沿线安全环境治理工作。

第一部分，总体要求。坚持人民至上、生命至上，统筹安全和发展，提出了构建政府主导、部门指导、企业负责、路地协同、多方共治的工作格局，依法解决突出问题，及时消除事故隐患，去存量、控增量，有效防范化解风险，持续改善铁路沿线安全环境的工作目标，大力推进铁路沿线安全环境治理体系和治理能力现代化。

第二部分，完善工作机制，压实各方责任，提升多方共治合力。针对铁路沿线安全环境治理主体多样、涉及单位部门较多的问题，适应铁路政企分开改革、交通运输领域中央与地方财政事权和支出责任划分改革等要求，《意见》提出要完善各项工作机制，发挥部际联席会议制度统筹协调作用，加强对铁路沿线安全环境治理工作的分析研判和统筹协调，推动解决重点、难点问题，建立健全治理长效机制，指导督促有关方面共同做好各项工作；压实各方治理责任，地方人民政府承担属地治理责任，铁路运输企业承担产权范围内治理责任，铁路监管部门承担专业监管责任，国务院有关部门承担涉及本领域有关问题隐患治理的指导督促责任，形成铁路沿线安全环境治理全链条责任体系；发挥平安中国建设护路联防作用，落实"双段长"工作机制，将铁路沿线安全环境治理工作纳入城市运行管理服务平台等协同监管，发挥行业专家、专业机构的治理作用，鼓励各方广泛参与治理，激发治理持久动力，提升多方共治合力，实现铁路沿线安全环境长治久安。

第三部分，坚持问题导向，实施专项行动，全力消除安全隐患。针对铁路沿线安全环境问题多发，着眼于持续发力合力整治历史性、长期性、深层次的问题，《意见》提出要实施存量隐患集中治理销号行动，以铁路两侧500米范围内的彩钢瓦、塑料薄膜、防尘网等轻质物体为重点，建立存量问题隐患库，制定有针对性的整治方案，实行闭环销号管理；实施重点问题合力攻坚行动，加强铁路线路封闭防护管理，加快上跨（下穿）铁路的道路、桥梁等设施产权移交，加快完成铁路道口"平改立"，优先实施时速120公里以上线路、旅客列车径路、机动车通行繁忙道口的改造工程；实施常态化持续整治行动，将铁路线路安全保护区及桥下用地纳入有关规划统筹安排，依法严厉查处铁路沿线线路安全保护区内各类违法行为，建立举报投诉制度，及时调查核实处理社会各界反映的问题。通过治理突出问题，尽快改善铁路沿线安全环境，有效提高安全防护能力，防止问题隐患反弹。

第四部分，健全法制体系，增强监管能力，建立长效治理机制。针对治理制度体系不完善、治理保障能力较弱等问题，立足于既管当前又管长远，《意见》提出要完善法规制度，加快法律法规制定/修订，完善有关制度体系，实现排查治理工作制度化、规范化；加强督办考核，将铁路沿线安全环境治理工作纳入平安中国建设考核、安全生产考核，以及安全发展示范城市、文明城市等评比评价；强化科技支撑，运用智能化、信息化手段，多渠道采集信息，全过程动态掌握工作进展，实行问题隐患验收销号管理，提高信息化、精细化治理水平；提升应急能力，开展涉及铁路沿线安全环境应急预案的评估修订工作，完善突发事件报警联动机制，定期组织联合演练，建立健全铁路沿线安全环境突发事件应急管理体系，增强协调联动和应急处置能力；加强舆论宣传，结合安全宣传"五进"工作，主动宣传保护铁路沿线安全环境相关法规、政策等知识，加强爱路护路教育，不断提升全社会共同改善铁路沿线安全环境的意识，营造良好的舆论氛围。

（二）《关于加强铁路自然灾害监测预警工作的指导意见》

为深入贯彻习近平总书记关于防范化解重大安全风险、提高自然灾害防治能力的重要指示精神，落实党中央、国务院决策部署，国家铁路局会同自然资源部、水利部、应急管理部、中国气象局、中国地震局和中国国家铁路集团有限公司，联合制定了《关于加强铁路自然灾害监测预警工作的指导意见》（以下简称《意见》）。

《意见》提出了以习近平新时代中国特色社会主义思想为指导，全面贯彻落实党的十九大和十九届二中、三中、四中、五中、六中全会精神，坚持以人民为中心，深刻把握铁路防灾减灾工作面临的新形势、新任务，进一步强化底线思维和红线意识，坚持问题导向、目标导向和结果导向，落实责任，完善体系，整合资源，关口前移，全面提高铁路抵御自然灾害的综合防范能力，从源头上防范化解重大安全风险，为推动铁路沿线经济社会持续健康发展提供安全保障的总体要求。

《意见》强调，要健全完善铁路沿线自然灾害风险防范协调机制，开展多部门重大自然灾害联合会商研判，加强风险评估、隐患排查、应急演练、业务培训等方面的交流合作，推进铁路沿线隐患排查、超前预警、自然灾害科学防治等工作形成合力；加强自然灾害监测预警信息共享，逐步建立包含铁路沿线地质灾害预警、恶劣天气气象监测评估和预报预测等信息的灾害监测预警共享平台，实现铁路自然灾害监测预警信息共享；强化自然灾害监测预警工作，充分利用先进技术和手段开展各类自然灾害隐患排查、监测预警等防治工作；促进抗灾设防新技术推广应用，将抗震、防风、防洪等方面成熟的新技术新成果运用到铁路自然灾害风险防范中，不断提升铁路基础设施自然灾害监测预警和安全防御能力；加强铁路抗灾设防科普宣教合作，部门之间、路地之间共同开展科普宣传教育，提高公众安全认知水平和爱路护路意识，完善铁路沿线公示危及行车安全信息报告方式，建立铁路值班电话与110报警服务台情况互通机制。

《意见》的发布，进一步强化了铁路沿线自然灾害风险研判和监测预警多部门合作，规范和加强了铁路沿线自然灾害监测预警工作，有助于铁路部门全面提高暴雨、台风、山洪、泥石流等自然灾害的预警防范能力，从源头上有效防范化解重大安全风险，保障铁路安全畅通，维护人民群众生命财产安全，为促进铁路沿线经济社会高质量发展起到重要推动作用。

（三）《铁路危险货物运输安全监督管理规定》

1. 修改背景

现行《铁路危险货物运输安全监督管理规定》（以下简称《规定》）于 2015 年发布，为促进铁路危险货物运输安全管理、保障铁路运输和公众生命财产安全发挥了重要作用。近年来，党中央、国务院对安全生产工作多次作出重要部署，新《安全生产法》、《反恐怖主义法》、《生产安全事故应急条例》等有关法律法规陆续颁布实施，铁路危险货物运输实践中也出现了一些新情况，亟须对《规定》进行全面修订。修订后的《规定》将全面取代旧规章，进一步完善和加强铁路危险货物运输安全监督管理，夯实铁路危险货物运输安全的法治保障。

2. 修改的主要内容

进一步明晰了危险货物范围。一是在现行《规定》关于危险货物定义的基础上，明确危险货物原则上以《铁路危险货物品名表》为标准进行认定，同时进一步明确，对虽未列入《铁路危险货物品名表》但依据有关法规、国家标准确定为危险货物的，也需要按照《规定》办理运输，既便于实践操作，又全面强化对危险货物运输的安全监管。二是结合铁路装备技术发展、疫情防控应急等危险货物运输需求，在附则中明确了在符合安全技术条件下的特殊情形监管要求，做到原则要求和特殊需求相统一。

进一步强化了危险货物运输全链条管理。此次修订，从危险货物托运、查验、包装、装卸、运输过程监控、应急管理等各环节，全面强化了对危险货物运输的安全管理要求。一是增加了对托运人在危险货物的保护措施、信息告知、运单填报、应急联系等方面的要求，强化危险货物运输源头管理。二是增加了铁路运输企业与相关单位签订危险货物运输安全协议的要求，切实明确各方职责，保证运输安全。三是根据《反恐怖主义法》，增加了对危险货物运输工具定位监控和信息化管理要求，做到危险货物运输全程可监控、可追溯。四是完善培训有关规定，在培训大纲、培训课程及教材、培训档案等方面强化了对运输单位的要求，同时明确了从业人员应当具备相关安全知识等要求。五是增加试运制度，对尚未明确安全运输条件的新品名、新包装等类别的危险货物，要求铁路运输企业组织相关单位进行试运，切实防范运输风险、保障运输安全。六是根据新《安全生产法》，增加了危险货物运输安全隐患排查治理有关要求。七是加强危险货物运输应急管理，增加了应急预案及演练、应急处置等要求。

第二节　公路水路领域

（一）《交通运输部等二十三个部门和单位关于进一步加强海上搜救应急能力建设的意见》

2022年10月，经国务院同意，《交通运输部等二十三个部门和单位关于进一步加强海上搜救应急能力建设的意见》印发

(以下简称《意见》)。

1.《意见》的出台背景

海上搜救应急是国家突发事件应急体系的重要组成部分，是我国履行国际公约的重要内容，对保障人民群众生命财产安全、保护海洋生态环境、服务国家发展战略、提升国际影响力具有重要作用。党的十八大以来，特别是自《国务院办公厅关于加强水上搜救工作的通知》（国办函〔2019〕109号）印发以来，我国充分发挥国家海上搜救、重大海上溢油应急处置体制机制优势，稳步推进海上搜救应急体系建设，妥善应对处置重特大海上突发险情，海上搜救应急工作有了长足进步。

为深入贯彻落实《中华人民共和国海上交通安全法》，补齐我国海上搜救应急能力的短板和弱项，加快构建"决策科学、指挥有力，全面覆盖、布局合理，专常兼备、本领高强，反应灵敏、快速高效"的海上搜救应急能力体系，切实提升我国海上搜救应急能力，最大限度地减少海上人员伤亡、海洋环境污染和财产损失，更好地保障国家战略实施、服务民生发展，国家海上搜救、国家重大海上溢油应急处置部际联席会议牵头单位交通运输部会同有关部门和单位研究起草，并在深入调研、广泛征求意见的基础上，形成了《意见》，经国务院同意后联合印发。

《意见》就贯彻落实《中华人民共和国海上交通安全法》、进一步加强海上搜救应急能力建设指明了方向，提出了要求，明确了目标任务。《意见》的出台，将有力推动我国海上搜救应急能力提升，为交通强国、海洋强国和社会主义现代化建设提供可靠的海上应急保障。

2.《意见》的主要内容

《意见》包括总体要求、主要任务和保障措施三部分。

（1）总体要求

阐述了指导思想；提出了坚持"人民至上、服务大局，政府主导、多方参与，规划引领、共建共享"的海上搜救应急能力建设原则；聚焦加快建设交通强国、海洋强国，服务构建新发展格局，提出了到2025年、2035年两个阶段的发展目标，推动海上搜救应急能力基本适应社会主义现代化建设需求。

（2）主要任务

聚焦海上搜救应急能力建设的重点领域，提出了13项任务要求。一是优化指挥体系，强化分级负责、高效处置；二是完善法规预案制度，强化依法依规做好海上搜救应急工作；三是发挥规划引领作用，加快构建统筹衔接、各有侧重、适度超前的规划体系；四是防范化解安全风险，有效落实防胜于救的理念；五是加强海上人命搜救能力建设，突出保障海上遇险人员获得生命救助的权利；六是加强海上溢油应急能力建设，切实提升海洋环境救助水平；七是加强船载危险化学品险情应急能力建设，加快补齐海上搜救应急短板；八是加强船舶火灾救援能力建设，有效减少人民群众财产损失；九是建强专业力量，突出国家专业海上搜救队伍的专业化、职业化、现代化建设；十是统筹协同力量，充分发挥军队和政府部门所属涉海有关力量协同处置优势；十一是壮大社会力量，充分发挥商渔船等就近就便处置海上突发事件的重要作用；十二是加强海上搜救交流合作，切实保障我国国际航行船舶、船员安全；十三是提高医学救援和善后处理效能，强化海上搜救应急全流程衔接。

(3) 保障措施

包括加强组织领导、加大资金保障力度、强化宣传引导等三个方面的要求。最后，还明确提出，各级地方人民政府可参照本《意见》，结合实际加强内河水域搜救应急能力建设。

3.《意见》的起草原则

(1) 坚持人民至上

生命救助是海上搜救应急的首要任务。海上遇险人员依法享有获得生命救助的权力。生命救助优先于环境和财产救助。

(2) 坚持规划引领

科学引导各地根据辖区涉海产业实际、能力薄弱环节等，分级加强海上搜救应急能力规划、建设，做到统筹衔接、各有侧重、适度超前、优势互补，形成合力。

(3) 坚持防胜于救

坚持从源头上防范化解重大安全风险，强化事前预防和源头管控，强化气象、地震、海洋灾害全天候、高机动、高精度的综合立体监测能力。

(4) 坚持补短板、强弱项

聚焦海上人命快速搜救、溢油应急、船载危险化学品险情应急、船舶火灾救援等短板和弱项，强化核心装备配备、核心技能提升等，加快提高快速反应、高效处置的能力。

(5) 坚持固根基、扬优势

夯实国家救助打捞队伍海上搜救应急主力军、国家队地位，突出专业化、职业化、现代化建设，聚焦急难险重任务，不断提高海上防大灾、救大灾的能力。强化协同力量、社会力量建设，发挥专群结合、军地结合优势，提升应急处置合力。

（二）《交通运输突发事件应急预案管理办法》

1. 编制背景

近年来，交通运输应急预案体系不断完善，并在突发事件应急处置中发挥了重要作用，但也存在预案体系不衔接、预案分类分级和预案编制程序不规范、预案可操作性有待提高等问题。2017年9月，交通运输部印发了《交通运输综合应急预案》等7项部门预案，交通运输部应急预案体系初步形成。此后，各省区市交通运输主管部门也结合交通运输综合行政执法体制改革后的应急体制，着手构建各自的应急预案体系。而此次新冠疫情工作中所暴露出的预案体系完整性、可操作性方面的问题，必将促进我国各级各类预案的进一步完善。

为进一步指导行业加强交通运输突发事件应急预案管理，建立规范、完整的应急预案体系，增强应急预案的针对性、实用性和可操作性，特编制《交通运输突发事件应急预案管理办法》（以下简称《管理办法》）。

2. 起草过程

2020年10月，交通运输部应急办联合交通运输部科学研究院组成起草组，编制了《管理办法》初稿。2021年初，经反复修改完善后，征求部内相关司局、部属有关单位及部分省级交通运输主管部门意见。4月23日，交通运输部应急工作领导小组会议审议并原则通过了《管理办法》。

3. 主要内容

《管理办法》由总则、分类和内容、预案编制等 9 个部分及 1 个附件组成。一是提出预案管理遵循统一规划、分类指导、分级负责、动态管理的原则，就预案体系内各预案内容上下衔接、协调一致给出了指导。二是提出各级交通运输主管部门应针对本行政区内的重大交通运输突发事件风险进行识别，编制专门的应急预案，鼓励相邻、相近的地方交通运输主管部门制定联合应急预案。三是提出国家层面的预案应侧重明确应对原则、组织指挥机制等，体现政策性和指导性；省层面的预案应侧重预警、处置、报告、保障等，体现指导性；市县层面的预案应侧重风险评估、现场处置、人员物资调动等，体现应急处置主体职能。四是提出编制应急预案应当在开展风险评估和应急资源调查的基础上进行，以确保可操作性，还需要编制配套的应急预案操作手册、现场工作方案。此外，还对预案的演练、评估、修订等给出了指导。

（三）交通运输部《关于加强交通运输应急管理体系和能力建设的指导意见》

交通运输部印发《关于加强交通运输应急管理体系和能力建设的指导意见》，提出全面提升交通运输安全风险防范化解、突发事件应急处置和综合交通运输应急保障能力，全力保障人民群众生命财产安全和社会稳定，为加快建设交通强国和更高水平的平安中国提供有力应急保障。

意见坚持人民至上、生命至上，关口前移、预防为先，综合协同、分工负责，科学应对、法治保障原则，提出两个阶段的目标。到 2025 年，基本建成组织完备、协同有力、反应灵敏、运转高效的交通运输应急管理体制、机制和应急救援体系，防范化解重大风险能力不断增强，应急管理科技信息化水平和综合保障能力显著提升，更加适应严峻复杂的安全形势。到 2035 年，交通运输应急管理能力达到世界先进水平，依法应急、科学应急、智慧应急和共建共治共享的综合交通运输应急管理格局全面形成。

意见明确"一个体系、三个能力"的应急能力建设总构架。其中，"一个体系"指依托"一案三制"构建科学完备的组织管理体系；"三个能力"是指以防为主的风险防控能力，发挥综合交通协同优势的应急处置能力，保障精准科学处置的应急保障能力。

此外，意见从 4 个方面布置 20 项任务，涵盖了风险防控、监测预警、指挥决策、应急救援、抢通保通、运输保障等各方面工作，将为交通运输当好中国现代化的开路先锋提供坚强的应急保障。

（四）《国家重大海上溢油应急能力发展规划（2021—2035年）》

经国家海上搜救和重大海上溢油应急处置部际联席会议审议通过，2022 年 3 月 29 日，《国家重大海上溢油应急能力发展规划（2021—2035 年）》发布实施，为加快建设交通强国、海洋强国等国家重大战略实施提供了可靠的海上溢油应急支撑保障。

第三章　交通运输应急管理制度和标准规范体系建设

1. 规划编制背景

海上溢油应急是国家突发事件应急体系的重要组成部分，是保护海洋生态环境的重要防线，担负着保护人民群众生命财产安全和维护社会稳定的重要使命。

2016年1月，交通运输部、国家发展改革委联合印发的《国家重大海上溢油应急能力建设规划（2015—2020年）》，是我国第一个集中央与地方、政府与企业多部门力量于一体的溢油应急能力专项规划。"十三五"时期，经过多方共同努力，初步建成了覆盖重点海域、科学决策、快速反应的国家重大海上溢油应急能力体系。主要体现在以下方面。一是组织指挥体系更加完备。国家、省、市、企业四级构成的分级分类海上溢油应急预案体系基本形成。国家重大海上溢油应急处置部际联席会议制度效能进一步发挥。二是监视监测能力有效提升。通过卫星、无人机、雷达等多种技术手段融合运用，已经实现我国管辖海域卫星监视全覆盖，基本实现渤海—北黄海、长江口—宁波舟山、台湾海峡—珠江口、琼州海峡—北部湾等高风险海域监视常态化。三是应急清除能力显著增强。距岸50海里范围内，98%水域的海上清除能力基本达到1000吨，渤海—北黄海、长江口—宁波舟山、台湾海峡—珠江口、琼州海峡—北部湾等高风险水域海上清除能力进一步得到强化，溢油应急回收物陆上接收处置能力基本充足。四是应急队伍不断壮大。中央与地方相结合、政府与企业相结合、专职与兼职相结合的溢油应急队伍基本形成，全国海上溢油应急组织指挥人员超2000人，应急清污操作人员超过 9000 人。

随着近年来我国海上石油勘探开发、储运规模的不断扩大，海上溢油应急能力建设仍面临诸多挑战，发展中还存在一些不平衡、不充分的问题。

我国已开启全面建设社会主义现代化国家的新征程。到 2035 年，要基本建成人民满意、保障有力、世界前列的交通强国，海上运输和海洋开发将持续发展。保障海洋生态环境安全，对海上溢油应急处置能力提出了新的更高要求。为深入贯彻习近平生态文明思想和党的十九届历次全会精神，有力支撑国家战略实施，推动我国海上溢油应急能力可持续、高质量发展，适应新发展阶段海上溢油应急新形势、新要求，在《国家重大海上溢油应急能力建设规划（2015—2020 年）》实施期满后，经国家海上搜救和重大海上溢油应急处置部际联席会议同意，2021 年启动了《国家重大海上溢油应急能力发展规划（2021—2035 年）》编制工作。

2. 规划总体思路

综合考虑国内溢油应急能力发展现状和形势要求，规划不再以加强溢油应急设施设备等硬件配置为重点，转为以加强应急资源统筹利用、信息融合共享机制、技术创新等"软实力"为重点，并注重与《交通强国建设纲要》《国家综合立体交通网规划纲要》，以及全国海洋生态环境保护、全国水上交通安全监管和救助系统布局等相关规划的衔接。

下一阶段，要以最大限度地减少海洋环境污染损害为宗旨，坚持系统谋划、融合共享、开放合作、创新赋能的基本原则，加

第三章 交通运输应急管理制度和标准规范体系建设

快构建智能快速、科学高效的现代化海上溢油应急体系，完善和优化海上溢油应急能力结构，强化海上溢油应急处置能力，提升海上溢油应急响应效率，切实保障海洋生态环境安全，有效服务国家海洋经济高质量发展，为全面建设社会主义现代化国家和实现美丽中国目标提供可靠的应急保障。

3. 规划主要目标

规划就 2025 年和 2035 年分别提出了发展目标。

到 2025 年，初步建成快速反应、高效处置的现代化海上溢油应急体系，组织指挥体系运行更加顺畅、高效，监视监测更加及时、准确，应急队伍专业化水平有效提升，应急物资装备配布更加科学，应急清除能力显著增强。其中，又明确了应急反应能力、海上清除能力、岸线清除能力、回收物陆上接收处置能力等具体指标。

到 2035 年，智能快速、科学高效的现代化海上溢油应急体系可以基本建成，实现组织指挥智能化、监视监测快速化、应急清除高效化、应急队伍专业化、关键技术装备自主可控，全面适应交通强国和海洋强国建设要求。

4. 规划主要任务

（1）完善组织指挥体系

一是健全应急处置工作机制，包括继续强化国家重大海上溢油应急处置部际联席会议作用，地方可以参照建立海上溢油应急议事协调机制，进一步强化属地责任落实，明确成员单位职责分工。二是完善应急预案体系，适时修订《国家重大海上溢油应急处置预案》，省市应急预案要涵盖船舶、石油平台、输油管道和储存设施等海上溢油风险源。三是提升应急指挥智能化水平。通过深化"综合交通运输调度和应急指挥系统"的建设，增加智能决策功能，畅通部省之间和部际联席会议成员单位之间的信息交换。各地也要采用信息化手段实现海上溢油应急风险动态辨识、应急资源动态管理调度、组织指挥智能决策。四是强化区域协同联动。依托区域协同发展战略和港口集群发展战略，支持相关省市建立海上溢油应急区域联动机制，强化信息共享，整合应急资源，统筹应急力量，协同应急演练，加强风险联防联控。

（2）提高监视监测快速精准水平

一是强化溢油监控预警能力，部门间建立起海上溢油监控定期会商和信息共享机制，对高风险海域开展常态化监控，实现对重大溢油事件的感知向早期延伸。地方政府要建立重大溢油风险源评估预警机制。二是提升溢油动态感知能力，加强各单位监视监测资源和技术的协同作战能力，继续完善监视监测网络，增强近岸水域溢油探测能力，提升近海和中远海局部快速溢油侦查和跟踪能力，提升中远海大面积搜索能力，加强新技术装备在沉潜油快速识别、监测、追踪方面的应用。三是提升溢油辨识及动态分析能力。主要是提升卫星遥感信号采集和解译的时效性与准确性，优化预报系统，推动无主溢油鉴别和溯源技术研究。

（3）提升应急清除装备高效专业水平

一是优化国家设备库功能，重点在海上作业密集区、敏感水域等高风险水域，以及原油清除和中远海开阔海域应急等特殊场景，强化中央政府力量配置。二是强化属地应急能力建设，尤其是岸线溢油清除和处置、陆源溢油入海的应急围控等能力建设。

第三章　交通运输应急管理制度和标准规范体系建设

地方可以创新设备库建设和运营的机制，发挥地方设备库的灵活性，增强区域应对海上溢油风险的能力。三是健全应急物资调度管理机制。建立健全海上溢油应急物资储备制度及紧急调拨配送体系，完善国家溢油应急设备库管理调度功能，地方可根据需求，统筹应急力量配备，提升资源综合利用效率。

（4）完善应急队伍体系，提高队伍的专业性

一是强化应急指挥队伍和专家队伍建设。完善国家、省、市三级溢油应急组织指挥队伍建设。形成专业性强、技术过硬、学科门类齐全的溢油应急专家支持团队。二是强化监视监测队伍建设。加强国家级科研业务机构的基础能力建设和先进技术应用。鼓励各地加快构建溢油监测技术队伍。三是强化应急处置队伍建设。进一步加强国家专业溢油应急队伍能力建设。依托大型石油石化、港口、船舶污染清除等单位，建设地方性的溢油应急专业力量。鼓励地方政府出台相关制度充分调动社会力量积极性，提升社会力量稳定性。四是强化演习演练和教育培训。鼓励组织开展跨区域、跨部门、形式多样的溢油应急演练，提升应对重大海上溢油应急综合合力。

（5）加大科技支撑力度

一方面，引导研究机构、企业加快新技术新装备的研发和应用，比如深远海、低温、浅滩等特殊自然条件，高粘度等特殊油种的溢油应急处置以及溢油源快速封堵技术，推动关键应急设备和模型软件国产化，提升应急设备的自动化、智能化水平。推动北斗卫星资源等在保障海上溢油应急导航方面的应用。加强与国际组织、相关国家及国外溢油应急设备厂家的技术合作和交流。

另一方面，通过完善技术标准和标准体系来保证各种新技术新装备能够安全、有效地用于实际工作。

（五）《国家区域性公路交通应急装备物资储备中心布局方案》

2022年4月，交通运输部、国家发展改革委联合印发《国家区域性公路交通应急装备物资储备中心布局方案》。方案明确国家区域性公路交通应急装备物资储备中心布局体系、主要任务和保障措施，统筹解决"储什么""谁来储""怎么储"的问题。

1. 编制思路

根据近年来我国公路交通突发事件的类型和分布规律，结合国家行政区划、公路网布局、自然地理区位以及重大公路突发事件的应急处置能力要求，在现有储备中心布局的基础上，科学调整辐射范围，力争到"十四五"末建成布局合理、规模适当、运行高效的国家区域性公路交通应急装备物资储备体系。保障在发生特别重大突发事件（Ⅰ级）情况下，国家储备中心装备调运时间，东部、中部地区不超过8小时，西部地区不超过10小时，特殊情况不超过12小时。

2. 布局的重点

一是强化对重点经济区域的辐射能力。依据国家区域发展战略和国土空间开发保护格局，加强对京津冀、长三角、粤港澳大湾区、成渝地区等重点经济区域的覆盖和辐射，加强对国家综合立体交通网主骨架中6条主轴、7条走廊和8条通道的覆盖辐射能力。

二是强化对灾害易发频发区域的辐射能力。重点加强对地震、地质灾害、区域性洪水、台风等灾害易发区域的辐射能力。对多省交界地形复杂地区和西部路网脆弱区域加密设置，提高其辐射能力。

三是强化发挥行业内外多种资源的作用。在国家、省、市三级公路交通应急保障体系的架构下，对国家区域性公路交通应急装备物资储备中心的功能类型进行区分，充分发挥增强型国家区域性公路交通应急装备物资储备中心的引领和带动作用，将企业力量纳入国家公路应急保障体系，充分发挥企业合作型国家区域性公路交通应急装备物资储备中心的重要作用。

3. 布局目标

方案明确到2025年，储备中心实现高质量发展，形成更加统一、更高质量、更有效率、更加协同、更可持续的公路应急储备体系；可同时应对2个区域发生洪水、地震、低温雨雪等重大自然灾害；东部、中部地区应急装备物资到达时间不超过8小时，西部地区应急装备物资到达时间不超过10小时，特殊情况不超过12小时；形成"6+30"的国家区域性公路交通应急装备物资储备中心体系。

（六）《关于加强第一次自然灾害综合风险公路水路承灾体普查成果应用的指导意见》

自2020年国务院组织开展第一次自然灾害综合风险普查工作以来，交通运输部积极组织开展公路水路承灾体普查，取得了阶段性成果。为充分利用好普查成果，交通运输部印发《关于加强第一次自然灾害综合风险公路水路承灾体普查成果应用的指导意见》，提出普查成果应用的基本原则和目标，明确普查成果应用的具体内容，指导地方交通运输主管部门完善自然灾害防治体系，提升自然灾害防治能力。

到 2025 年，通过普查成果应用，提升公路水路自然灾害风险监测分析、预警预防、应急响应、设施养护等方面的能力和水平，建成系统的、完善的公路水路自然灾害综合防控管理体系，推动交通行业实现更为安全的发展。

第三节　民航领域

（一）《民用航空器事件技术调查规定》修订背景

2000 年，民航局发布了《民用航空器飞行事故调查规定》，并于 2007 年修订为《民用航空器事故和飞行事故征候调查规定》，自发布实施以来，对规范民用航空器事故和飞行事故征候调查，查明原因、提出建议，防止类似事件再发生发挥了重要作用。

近年来，我国民航事业持续快速发展，对民用航空器事件调查的范围、人员、程序等提出了新需求。同时《中华人民共和国安全生产法》和《中华人民共和国民用航空法》先后于 2014 年和 2017 年修订发布，《国际民用航空公约》附件 13《航空器事故和事故征候调查》也进行了持续更新。原规定的部分条款已不能适应和更好地支持民用航空器事件调查工作。因此，依据《中华人民共和国安全生产法》、《中华人民共和国民用航空法》、

《生产安全事故报告和调查处理条例》（国务院令第 493 号），参考国际标准，对原规定进行修订。

（二）修订的重要意义

本次修订是借鉴国际调查法规体系与通行做法，以我国 10 余年来事件调查经验的总结为基础完成的，对进一步规范事件调查工作、提高安全管理水平具有重要意义。

规定的修订是从调查经验中提炼而来的，体现出继承和创新的有机统一。近年来，民航局组织开展了"8·24"伊春特大事故、"5·14"川航驾驶舱右座风挡玻璃破碎脱落、"8·27"国航飞机首都机场起火等事件调查，参与了马航 MH370 事件、"8·16"厦航马尼拉事故、埃塞航 B737MAX 事故等国际事故调查，调查实践不断丰富，本次规定的修订是将实践中成熟的经验做法提炼固化。原规定中经实践检验行之有效的，修订后的规定予以继承。原规定中经过实践检验需要改进的，本次修订进行了完善，如在这次修订中调整了调查范围、修订了事故定义、细化了民航局和地区管理局调查分工、增加了事故调查报告应当依法及时向社会公布等内容。

本次修订强化了安全建议的管理规定，安全建议是调查工作最重要的成果，落实安全建议是防止类似问题再次发生的关键。目前，我们事件调查中存在安全建议针对性和可操作性不强、安全建议追踪和闭环管理缺失等问题，一些单位不能有效吸取教训，类似事件重复发生。这次的规定修订中新增的安全建议管理规定和后续将要发布的《安全建议管理办法》将规范和细化安全建议的闭环管理规定，提高各单位经验教训的吸取能力，提升事件调查对民航安全的贡献率。

本次修订也着力落实民航局全面深化改革的决策部署。如为配合通航"放管服"改革，促进通航发展，规定可委托事发民航生产经营单位开展民用航空器事件技术调查及相关工作，体现了时代性和改革性。

规定的修订也是国际民航先进管理经验与中国国情结合的产物。近年来，《国际民用航空公约》附件13《航空器事故和事故征候调查》和相关指导材料已进行多次修订。对于国际民航调查法规的最新变化，我们既要学习借鉴，符合国际公约要求，同时也要充分考虑中国国情，满足国内法规要求。此次修订将规定所开展的调查明确为技术调查，与附件13的要求保持一致。对于《生产安全事故报告和调查处理条例》中关于事故追责方面的要求，按照民航局其他相关文件进行。规定和其他一些管理文件共同组成了完整的航空器事件调查和处理制度体系。这既满足了国际公约的要求，也满足了国情需要及国内法规的要求。

此次规定的修订，也规范了事件调查对安全预防的作用。调查是民航局与生产经营单位安全管理工作的重要组成部分和重要抓手，调查不只是事后的亡羊补牢，也是预防工作的依据、安全管理的闭环。对一般事件、征候的调查，促进运营单位全面、深入发掘风险源并开展科学的风险管理，进而达到事故预防的目的，这既是安全管理体系的核心意义，也是安全管理的关口前移。因此，本次规定修订中有针对性地增加了对航空公司、机场、空管、民用航空产品设计制造单位等生产经营单位建立调查能力的要求。

（三）主要修订内容

修订后的规定共 8 章 60 条，从调查主体、事件报告、调查程序等方面对民用航空器事件调查工作作出规定。修订的主要内容包括如下几个。

一是扩大了调查范围。在现行规定规范"事故和征候"调查的基础上，将"一般事件"的调查囊括其中，统称为"事件"，规章名称相应由"民用航空器事故和飞行事故征候调查规定"改为"民用航空器事件调查规定"。主要考虑到调查是发现问题隐患、采取改进措施、保障安全的重要手段，在民用航空器运行阶段或机场活动区内发生的造成航空器损伤或人员受伤的一般事件，虽然其严重程度达不到事故或征候，但同样对民航安全造成了风险和隐患。为进一步确保人员、航空器及其他财产安全，有必要将"一般事件"纳入调查范围。

二是明确定位为技术调查。《国际民用航空公约》将事故调查定位为技术调查，调查主要目的是防止事故或征候的再次发生。规定第二条明确将调查定位为"民用航空器事件技术调查及相关工作"，以达到国际民航组织的安全审计要求，与《国际民用航空公约》保持一致。另外，为落实《生产安全事故报告和调查处理条例》等国家关于事故处理、责任追究等方面的要求，民航局还制定了《民用航空安全信息管理规定》《民航局安委会审议表彰奖励、责任处理和航线航班限制工作程序》等规章和规范性文件，与规定共同形成完整的民用航空领域事故调查处理制度体系。

三是对调查单位和调查人员提出能力要求。根据《生产安全事故报告和调查处理条例》，规定明确未造成人员伤亡的一般事故、征候、一般事件，地区管理局可以委托事发民航生产经营单位组织调查。要求接受委托的调查单位应当明确调查部门和职责，编写调查程序，配备调查员以及现场勘查、调查防护和摄影摄像等调查设备。同时对调查人员的工作经历、专业素质、身心条件、组织协调管理能力等提出要求，确保符合调查工作需要，保证调查工作质量。

四是完善了调查组织和工作流程。根据《国际民用航空公约》附件13《航空器事故和事故征候调查》，增加了我国可以委托其他国家或地区进行事故和严重征候调查的规定。细化、调整了民航局和地区管理局的调查范围分工，使之更加明确。完善了事件的现场保护、调查过程信息的公开内容限制、接受局方安全建议以及制定相应措施、调查报告公开等内容，保障调查工作顺利进行。

五是增加了法律责任。针对民航生产经营单位不按时限回复局方以及国（境）外调查机构安全建议接受情况，以及违反《生产安全事故报告和调查处理条例》的情形，规定了相应的法律责任。

第四节　邮政领域

（一）《国家邮政业突发事件应急预案》

2019年，国家邮政局印发《国家邮政业突发事件应急预案》（2019年修订），对邮政快递业突发事件分级、响应分级、应急

第三章 交通运输应急管理制度和标准规范体系建设

管理机构体系、预防预警、信息报告、应急处置、后期处置、保障措施、预案管理等进行了规范。

一是突发事件定义。邮政业突发事件是指邮政业突然发生的，造成或者可能造成人员伤亡、财产损失、运营网络阻断、用户信息泄露等危及邮政业安全稳定和寄递渠道安全畅通的紧急事件。

二是邮政业突发事件分类。按照起因源头分为行业外事件引发的邮政业突发事件和行业内风险引发的邮政业突发事件。

三是邮政业突发事件分级。按照其性质、严重程度、影响范围和可控性等因素分为四级：Ⅰ级（特别重大邮政业突发事件）、Ⅱ级（重大邮政业突发事件）、Ⅲ级（较大邮政业突发事件）和Ⅳ级（一般邮政业突发事件）。

四是邮政业突发事件响应级别。分为四级：Ⅰ级响应、Ⅱ级响应、Ⅲ级响应和Ⅳ级响应。分别对应Ⅰ级（特别重大）邮政业突发事件、Ⅱ级（重大）邮政业突发事件、Ⅲ级（较大）邮政业突发事件和Ⅳ级（一般）邮政业突发事件。

五是监测预警。包括预防和建立监测机制。

六是信息报告。要求发生突发事件后事发企业应立即报告当地邮政管理机构以及应急管理等部门，事发地邮政管理机构应当按规定向上级邮政管理机构和本级人民政府报告。

七是应急处置。包括先期处置、分类处置、应急处置任务、应急响应终止等部分。

八是预案演练。要求各级邮政管理机构应当按照相关规定定期组织应急预案演练，邮政企业、快递企业应当制订本企业应急预案演练计划，根据本企业风险特点，每年至少组织一次综合应急预案演练或者专项应急预案演练，每半年至少组织一次现场处置方案演练。

九是宣传教育和培训。对应急预案信息、应急管理工作情况的宣传工作和应急管理知识培训等提出要求。

（二）《邮政企业、快递企业安全生产主体责任落实规范》

2018年5月，国家邮政局正式启动《邮政企业、快递企业安全生产主体责任落实规范》编制工作，在全面梳理现行法律法规标准、深入开展调查研究的基础上。2019年3月研究起草了规范（初稿），多次召开专家研讨会，明确关键性问题规范要求。4月形成规范（征求意见稿），并向局内各司室、各省（区、市）邮政管理局、业内企业、行业协会广泛征求意见，根据征集到的意见建议多次研讨，修改完善规范文本，8月9日提交国家邮政局局长办公会议审议通过。

该规范依据相关政策文件和上位法，坚持以人为本、生命至上，牢固树立安全发展理念，切实落实企业主体责任、政府部门监管责任和属地管理责任，有效预防和减少各类安全事故发生。从基础安全、设施设备安全和服务安全等层面对安全生产组织机构设置与人员配备、安全生产制度与资金投入、各环节操作规范、风险管控与应急管理等领域的企业主体责任进行详细规范，涵盖8个方面内容，共计56条。

一是总体要求，对企业从事寄递活动过程中所应遵循的安全发展理念、法律法规及生产条件做出总体性、概括性要求，既规定了企业进行安全生产的基本门槛，又明确了企业安全生

第三章 交通运输应急管理制度和标准规范体系建设

产工作的主要方向。

二是组织机构和岗位职责，明确规定了负责企业安全生产的领导、组织机构及其负责人、管理人员的任职条件、工作职责，并对全员安全生产责任制做出详细规定。要求安全生产主体责任制要实现横向到边、纵向到底、持续有效，覆盖企业安全生产的全环节、全对象、全生产周期，并施行动态管理。

三是安全管理制度，通过对法律法规中要求企业制定的与落实安全生产主体责任直接相关的规章制度进行系统梳理，确定了邮政企业、快递企业应当制定的12类安全生产规章制度。

四是安全生产投入，将10类费用列入安全生产费用的使用范围，并对安全生产资金投入、保险缴纳做出明确要求。

五是教育培训，对企业安全生产教育培训的制度建设、体系构建、档案记录做出明确要求，详细规定了企业主要负责人、安全管理人员、从业人员、特殊作业人员教育培训的内容、时长及达到的培训效果。

六是现场管理，主要包含生产场所安全化、设施设备管理、落实"三项制度"、确保网络和信息系统安全、个人信息保护、相关方管理、保障劳动安全等内容。

七是安全风险管控及隐患排查治理，主要聚焦企业安全生产的过程控制，对隐患排查、报告、治理、评估做出具体要求，防微杜渐，避免安全生产隐患的进一步扩大。

八是应急管理，对应急救援的保障机制、预案编制与演练、事故报告处理做出明确要求，使企业进一步明晰在事故发生前、中、后期应采取的措施和报告的事项。

（三）《邮政企业、快递企业安全生产管理体系建设指南》

为提升邮政业安全管理的科学性、系统性、规范性，2021年6月，国家邮政局委托邮政业安全中心研究起草《邮政企业、快递企业安全生产管理体系建设指南》。指南的研究起草工作，认真贯彻落实党中央、国务院和国家邮政局党组关于安全生产工作决策部署，填补了邮政业安全生产标准化建设的空白，积极回应寄递企业关切，为企业实施主动安全风险管理提供了基本遵循。建立和实施安全生产管理体系，旨在强化寄递企业主体责任的落实，实现从事后到事前、从开环到闭环、从个人到组织、从局部到系统的安全管理。指导寄递企业由严格遵守法律法规的安全管理模式，逐步转变为基于安全绩效的安全管理模式。建立高效、易于操作的风险管理程序，实现主动的安全管理，提高寄递企业控制安全风险的能力和效率。制定内部定期监控、评估、审核制度，促进安全管理的闭环运行和持续改进，督促寄递企业建立健全自我监督、自我审核、自我完善的长效机制。经邮政业安全和应急工作领导小组会议审议通过，已于2023年2月正式印发。

指南共分为四部分，包括三个章节和一个附录。核心内容是严格落实寄递企业生产经营单位主要负责人安全生产第一责任人的法定责任；推动寄递企业建立从主要负责人到一线岗位员工的全员安全生产责任制，健全生产经营全过程安全生产责任追溯制度；引导寄递企业完善安全生产管理体系，健全安全风险分级管控和隐患排查治理双重预防工作机制，构建自我约束、持续改进的安全生产内生机制。

第四章
交通运输应急管理创新案例和典型成果

2019年11月29日,习近平总书记在主持十九届中央政治局第十九次集体学习时提出:"加强应急管理体系和能力建设,既是一项紧迫任务,又是一项长期任务。""要适应科技信息化发展大势,以信息化推进应急管理现代化,提高监测预警能力、监管执法能力、辅助指挥决策能力、救援实战能力和社会动员能力。"科技创新在加快推进应急管理体系和能力现代化中发挥的作用愈加重要,科技现代化正在成为应急管理现代化的重要内涵。作为中国式现代化的重要组成部分,应急管理现代化需要适应以信息技术、人工智能为代表的新兴科技的发展大势,将科技现代化作为应急管理现代化的重要内涵。近年来,交通运输系统不断加强先进科技和装备应用、科学配置行业应急资源、提升信息化系统决策辅助和支持保障能力,取得了一系列成果,大大促进了交通运输应急能力的提升。

第一节　铁路领域

铁路部门和企业认真落实党中央、国务院决策部署,把创新作为引领发展的第一动力,强化基础理论研究和应用基础研究,注重关键共性技术、前沿引领技术、现代工程技术创新,积聚力量进行原创性引领性科技攻关,铁路科技创新能力持续增强。

（一）高速铁路调度指挥实时风险分析预警及主动控制理论与关键技术

2021年,国家铁路局对申报的铁路重大科技创新成果进行了评审，经局技术委员会研究同意，将"高速铁路调度指挥实时风险分析预警及主动控制理论与关键技术"作为2021年铁路重大科技创新成果入库。该成果针对我国高速铁路智能调度风险辨识、预警、控制的技术难题，提出了高速铁路调度指挥系统风险实时分析理论与方法，研发了高速铁路调度指挥风险实时分析预警等实用系统和仿真平台。成果应用于铁路运输企业调度指挥生产部门的系统建设、调度决策辅助和列车运行调整，为高速列车的安全、正点、高效运行提供了理论依据和技术支持，为高速铁路运输组织水平提升提供了保障。

（二）中国首台高铁救援起重机获国家铁路局行政许可

2022年12月，国家铁路局向中车齐齐哈尔车辆有限公司主导研发的NSG1256型高铁救援起重机颁发了铁路机车车辆"型号合格证"和"制造许可证"，标志着我国高铁救援装备技术发展进入新的发展阶段，高铁救援起重机正式具备批量生产和上线运行条件，填补了我国高铁应急保障装备领域空白。国家铁路局充分发挥政府部门在推动技术创新和服务企业方面的协调、指导和促进作用，深入研发和试验现场，参与并指导技术评审、试验验证、标准核查，提前为产品许可申请做好咨询服务，并开通绿色通道，及时按照规定程序和许可条件完成产品审查工作，推动了铁路装备的技术创新。

该产品的研制成功，开创了中国自主研发高铁大型救援设备的先河，充分展现了中国高铁技术体系的科学性、完整性和一致

第四章 交通运输应急管理创新案例和典型成果

性,为高铁安全运营提供了坚实保障,对于提升我国高铁救援能力、促进高铁系统的整体发展具有重要意义。在国铁集团组织的高铁救援技术演练过程中,该产品完全适用于高铁单线和双线的桥梁、隧道、坡道、曲线及接触网下多种工况的救援工作,同时兼顾普通线路救援能力,技术性能达到国际先进水平。产品及现场模拟作业工况如图4-1所示。

图4-1 产品及现场模拟作业工况

第二节 公路水路领域

(一)交通运输部公路水路应急指挥和调度系统

交通运输部公路水路应急指挥和调度系统是"国家综合交通运输信息平台"的有机组成部分,是五大功能之一的"调度

109

与应急指挥"功能的重要建设内容。主要功能定位包括动态运行监测、运行异常预警、调度协调联动、应急指挥处置、安全生产监管5个方面。

系统面向交通运输部领导、业务司局及部分直属单位用户，打造部级交通运输运行调度与应急指挥平台，汇聚交通运输部、部直属单位、省级交通运输行业管理部门、部管国家局，以及相关部委应急管理信息，"日常"实现公路、水路、铁路、民航、邮政总体运行动态以及北京市和深圳市等重点区域内综合交通运输运行动态的实时掌握，实现跨区域、跨业务领域的特别重大级别自然灾害类、突发事件类，以及国内外重大活动类交通运行预测预警。重特大级别"突发事件"发生时，为交通运输部应急管理组织体系提供交通运输综合类、公路交通、水路交通、道路运输、国家海上搜救、国家海上溢油共6类突发事件的应急指挥决策平台支撑，为交通运输系统内部、交通运输部与相关部委之间，以及交通运输部与三个部管国家局之间的调度协调联动提供技术支撑。

该系统能有效减少突发事件造成的经济损失，降低应急管理人力、物力成本，降低行业内外协调联动人力成本，提高交通运输运行协调能力，树立负责任的政府形象。提升突发事件应急管理能力，增强百姓出行的安全感。增强突发事件信息服务能力，保障社会秩序和公众体验。

（二）公路隧道突发事件应急预案编制导则

为加快建设交通强国，守牢安全运行底线，满足人民日益增长的美好生活需要，摸清公路隧道养护和运行管理现状，进一步完善公路高质量发展体系，提升公路隧道安全运行水平，交通运输部公路局组织开展公路隧道养护和运行管理专题调研，路网中心承担"公路隧道突发事件应急预案编制导则"编写工作。2020年12月调研工作启动，导则编写组从应急预案编制情况、公路隧道设施管控策略、人员队伍、培训演练等方面设计了调研问卷，并赴浙江、重庆、陕西等省（区、市）开展了现场调研。通过问卷调研了全国28个省（区、市）的交通运输主管部门、养护管理单位和设计检测单位，系统分析了公路隧道突发事件应急处置方面存在的主要问题。在收集和整理公路隧道突发事件应急预案现状的基础上，编制形成了《公路隧道突发事件应急预案编制导则（草案）》，为公路隧道突发事件应急预案的编制提供了有力支撑。

（三）浙江省海上智控平台建设

浙江省海上智控平台具体包括建设一张陆海空天立体化基础感知网，汇聚一个海上云数据库，构建一个海上智控大脑，打造一个海上智控应用平台。

平台充分运用云计算、大数据、人工智能、高精度时空定位等新一代信息技术，通过建设"全覆盖、全管控、全智能"的浙江省海上智控平台，实现"部门之间互联互通、应用系统之间互联互通、平台与船之间互联互通、船与船之间互联互通、全球通全国通"。促进涉海各部门信息共享、力量互用、依责履职，完善海上交通治理手段，进一步控制海上各类安全风险，有效降低海上事故发生率，保障海上交通安全，提高海上协同监管和应急处置效率，促进海上安全治理体系和治理能力现代化发展。

通过建设海上智控平台，促进海洋安全管控从"汗水型"向"智慧型"的转型。平台建成后，打通交通运输部海事局、浙江省交通运输厅、浙江省农业农村厅、浙江省自然资源厅、浙江省应急管理厅等各涉海部门的业务系统，成为跨部门跨层级、共建共享的海上智控平台。形成"信息共享、各负其责、整体智治"的现代海上交通治理新格局，提升海洋交通管控和海上安全智慧管理的能力水平，促进"平安浙江""平安海洋"建设，保障浙江海洋经济高质量发展。

（四）大型船舶原油溢油情景构建及应对策略研究

该研究课题由交通运输部海事局牵头，依托山东海事局，交通运输部科学研究院提供技术支撑。结合重大突发事件情景构建理论与实践，确立了基于"情景—任务—能力"模型的大型船舶原油溢油事故情景构建方法。通过梳理国内外大型溢油事故典型案例，分析大型船舶原油溢油事故风险特点和影响因素、风险演化规律，结合山东海域敏感资源和应急能力，以"情景分析—任务梳理—能力评估"为主线，构建了成山头水道 VLCC 船原油溢油情景，提出了大型船舶原油溢油应对行动方案，并从溢油监视监测设备、应急指挥系统、设备库、应急预案、应急队伍、资金保障等方面提出了溢油应急能力建设的建议。

第四章 交通运输应急管理创新案例和典型成果

第三节 民航领域

"十四五"时期，民航应急管理工作面临的风险挑战与发展机遇并存，进一步完善民航应急管理体系是确保"十四五"时期"一二三三四"民航总体工作思路落实落地、实现民航强国"转段进阶"关键期建设目标的重要任务。为此，民航局《完善民航应急管理体系改革工作方案》确定了八项主要工作任务，即全面提升行业应对重大自然灾害防范能力，加强行业基础设施防震抗震能力，进一步完善、优化空管、航油、航信等关键服务保障环节的容灾备份能力；重点围绕机场应急救援、残损航空器搬移、罹难者家属援助等方面完善工作机制和法规、预案建设；探索建立突发事件应对全过程评估制度；完善演练督导评估机制，聚焦预案质量、信息传递、响应速度、协同水平等要素开展评估，查找问题，督导改进；研究建立民航应急设备物资储备机制，探索以多种形式实现设备共用和资源共享；加强高原应急救援能力建设，支持构建全国航空应急救援基地网络；推动民航应急管理与国家应急工作管理体系深度融合，建立重大自然灾害下的重大紧急航空运输任务工作机制，将机场应急救援体系纳入国家应急救援体系；进一步明确行业各主体在应急处置工作中的责任，完善应急协同处置机制，加强行业各单位之间的应急协同能力建设。方案聚焦民航应急处置能力，紧紧围绕民航应急工作融入日常运行工作的特点，进一步完善应急预案体系，推动民航应急管理体系深度融入国家应急工作体系，突出全过程评估、实战演练和配套支持保障体系建设，着力提升民航应急管理水平，力争到2025年，构建更加适应民航强国战略需要的民航应急管理体系。

近年来，民航局积极推进应急管理科技自主创新，推广新技术在应急处置中的应用，多领域应急救援科研项目陆续落地。民航局应急办组织开展行业应急管理平台前期研究，在东北地区管理局开展应急平台建设试点；依托运行大数据中心建设，开发航班计划动态调整工具等应急处置模块，开展机场视频引接建设项目；全球航空器追踪监控示范验证系统、航空器消防救援真火实训系统、应急救援电子方格网图、机场应急救援管理系统等重点项目也陆续落地，行业各单位研发的应急管理系统全面开花，提升了行业应急处置信息化水平，应急处置效能进一步提高。

（一）航空器消防救援真火实训系统建设规范

中国民航科学技术研究院起草的《航空器消防救援真火实训系统建设规范》（MH/T 5051-2021）于2021年10月1日正式实施，填补了我国在航空器真火实训系统建设指导性文件方面的空白，并积极按照相关建设规范要求，对有自主建立航空器真火实训系统需求的机场提供技术指导，为进一步规范行业航空器消防救援真火实训系统的建立和使用奠定坚实基础。围绕军民航机场消防现实需求，根据军民航领导和机关决策部署，按照军民航机场人才培养框架协议，统筹军地优质资源，科学打造军民航联合训练体系，连续三年组织军民航机场消防救援真火实战培训（见图4-2、图4-3），

第四章　交通运输应急管理创新案例和典型成果

图 4-2　民航应急救援与医疗仿真实训系统

图 4-3　民航机场消防接警指挥系统

先后为军民航机场培养消防骨干1461人，其中空军参训人员374人，获得空军首长的高度肯定。

（二）航空器真火实训系统

民航局事故调查中心针对大型机场应急管理业务的实际需求，研发了机场应急救援管理系统、消防接警指挥系统、机场群应急协同与风险预警系统（见图4-4）、民航应急救援与医疗仿真实训系统等系列化信息产品，并在大型机场、机场集团以及地区管理局得到成功应用，有效提高了用户单位的应急处置能力与管理水平；民航危险品航空运输管理中心依托安全能力项目开展危险品货物存储场所监控监测与应急处置系统研究，在大兴机场部署试点，实现危险品远程实时监控与处置联动，有效提升了存储本质安全水平。

图4-4 机场群应急协同与风险预警系统

第四节 邮政领域

（一）邮政寄递渠道安全监管"绿盾"工程

邮政寄递渠道安全监管"绿盾"工程（以下简称"绿盾"工程），以"互联网+"安全监管建设为主线，以建立大数据平台为核心，全面提升邮政管理部门技术检查、监测预警、案件查处、执法监督、应急处突、检测认证等方面的基础能力，实现邮件快件寄递"动态可跟踪、隐患可发现、事件可预警、风险可管控、责任可追溯"。建设"一中心两平台"，即寄递渠道安全监管中心、寄递渠道安全执法支撑平台、寄递渠道安全检查支撑平台。

"绿盾"工程创立实名收寄、收寄验视、过机安检"三位一体"安全防控模式，全行业配备安检机1.7万余台，构筑寄递安全坚固屏障。目前，已完成"绿盾"工程一期建设，建成北京、合肥"一主一备"两个现代化数据机房，建设278个安全监控中心，配备892套现代化执法装备和421套应急指挥设备，完成邮政管理系统信息基础设施底盘搭建。建成云计算平台、大数据管理平台和大数据中心，六大类22个应用系统上线试运行，基本实现动态可跟踪、隐患可发现、事件可预警、风险可管控、责任可追溯的"五可"目标。目前，"绿盾"工程二期可研报告和要件已经递交国家发改委，基本通过形式审查，正在进入专家质询相关流程。

（二）平安员

2022年3月3日，国家邮政局召开专题会议，提出要开展寄递渠道平安员队伍建设试点专项工作。该项目目标是：以北京地区为试点，指导寄递企业加强从业人员安全教育培训，培养平安员1000名，充分发挥基层平安员作用，配合有关部门打击寄递渠道涉枪涉爆、涉毒涉危、涉黄涉非等违法犯罪活动，将快递员队伍打造成各地平安建设的新生力量。项目计划2022年7月启动，2022年12月完成。2022年6月局长专题会对此专项工作再次提出要求，提出要创新行业安全治理方式，学习借鉴顺丰同城从业人员管理模式，建立平安员制度，强化安全信息报告反馈，着力解决行业安全运行底数不清的问题，实现政企抓行业安全工作的同频共振。此项工作要取得两个成果：一是平安员队伍管理信息系统；二是平安员管理制度办法。

基层平安员是企业安全管理网络中的末梢，许多安全信息的传递，寄递渠道安全状况，生产场地与从业人员的安全状态，各种设备的安全防护设施等，凡是与安全有关的问题，都需要平安员来监督检查和督促完成。在很多基层企业，班组往往设有安全员，但一般都是兼职的，作用发挥不到位。因此，企业在原有兼职安全员的基础上，要根据网点人员数量、业务规模分片划区设置专职平安员岗位，确保其安全管理职责的有效落实。平安员是一个在一线最直接从事安全管理的重要角色。

党的二十大期间，国家邮政局在北京市进行了平安员试点。

第四章 交通运输应急管理创新案例和典型成果

自 2022 年 10 月 1 日开始，在督促平安员开展日常履职的基础上，选取重点区域的 60 个网点，组织网点平安员就寄递安全、生产安全、邮快件积压等工作情况进行检查，通过重点区域平安员工作群每日进行检查结果反馈。在此期间发现问题通报给企业管理人员，要求企业网点及时整改。2023 年，平安员已开始在全国范围内推广。

第五章
交通运输典型突发事件应急处置案例和应急演练

2021~2022年，我国发生了"6·4"贵广高铁D2809次列车脱轨事故、"4·19""中华富强"轮火灾事故、青岛"4·27"船舶污染事故、"六盘水客8015"船侧翻事件等。通过对交通运输典型突发事件应急处置案例进行分析，总结规律性经验，发现问题，能够不断改进完善应急处置工作，更加有效地防御和应对交通运输突发事件，更好地服务和保障交通强国建设。应急演练是突发事件应对工作的重要组成部分，已经成为各级交通运输应急管理部门、交通运输企业、应急救援队伍的常规性工作。2021~2022年，公路、铁路、水运、民航、邮政等领域开展了各种形式、不同规模、各具特色的应急演练，通过演练检验预案、完善准备、锻炼队伍、磨合机制、科普宣教、发现问题、改进工作，不断提升交通运输突发事件应急处置能力。

第一节 铁路领域

（一）突发事件处置

1. "5·1"京广高铁接触网故障致北京西站旅客滞留事件

2021年5月1日12时左右，因强风将地膜刮上京广高铁定州东站附近接触网上，致接触网故障，导致列车出现较大面积晚点、停运，造成北京西站旅客滞留。故障发生后，铁路运输企业立即启动应急响应，有关负责同志赶赴现场指导处置，组织人员抢修设备并在北京市政府和公安部门帮助下疏导旅客、维持进站候车秩序、做好宣传解释工作；积极组织运力，加开临时旅客列车，疏解滞留旅客；为夜间滞留旅客发放方便面、矿泉水等应急食品。经全力处置，15时左右，京广高铁恢复行车；22时30分，运行秩序基本恢复正常。

应急处置救援结束后，有关单位对应急处置和救援全过程进行认真分析，总结经验教训，研究制定改进措施，修订完善应急预案，完善应急保障设施，提升风险防范和应急处置能力，最大限度地减少类似事故及其造成的损失和影响，更好地服务旅客出行。

2. "6·4" 兰新线旅客列车与线路维修作业人员相撞事故

2021年6月4日5时18分，中国铁路兰州局集团有限公司武威工务段金昌车间在兰新线玉石至金昌站间下行线进行线路机械维修作业，因捣固稳定车临时故障，作业负责人在组织作业人员转场跨越铁路线路时，跨线人员与K596次旅客列车发生相撞，造成9人死亡。事故发生后，中国铁路兰州局集团有限公司、兰州铁路公安局主要负责同志立即带队赶赴事故现场，组织开展应急处置、人员救治、善后处理、安全稳定、现场维护勘查等工作。国家铁路局、甘肃省委省政府、应急管理部派员赶赴事故现场指导应急救援和事故调查处理。

兰州铁路监督管理局依据《铁路交通事故应急救援和调查处理条例》等有关法律法规，牵头成立事故调查组，深入开展事故调查工作，通过现场勘察、调查取证、模拟实验、综合分析，查明了事故发生的经过、原因、人员伤亡和直接经济损失，认定了事故性质和责任，深入分析了事故暴露出的突出问题和教训，提出了加强和改进安全工作的意见和建议。

3."6·4"贵广高铁 D2809 次列车脱轨事故

2022年6月4日10时22分,由贵阳北开往广州南站的 D2809 次列车运行至贵广高铁榕江站进站前的月寨隧道口时,撞上突发溜坍侵入线路的泥石流,导致 7 号、8 号车厢发生脱轨,造成 2 名列车人员和 10 名旅客受伤,1 名动车组司机不幸殉职。事故发生后,中国铁路成都局集团有限公司、贵州省相关部门、成都铁路监督管理局立即组织开展事故应急处置救援,全力搜寻受困人员、抢救伤员,做好旅客安抚、旅客转运、受损设备修复、事故调查、信息发布等工作。国家铁路局、应急管理部、国铁集团主要负责同志第一时间赶到指挥中心指挥事故处置救援工作,指派相关负责同志带队赶赴现场指导事故处置救援和调查处理。

经过全力救援抢修,6月5日晨,贵广高铁榕江站完成线路通车修复工作,贵广高铁恢复正常运营。为防止类似事故再次发生,铁路部门立即组织开展汛期安全大检查,对重点地区、重点线路全面开展隐患排查,重点加强隧道口、高坡路堑地段看守巡查。同时,进一步完善预警机制,加强自然灾害监测预警,全面落实铁路沿线行车安全信息报告制度,建立铁路值班电话与公安 110 报警服务台互通机制,进一步筑牢汛期安全屏障,确保旅客出行安全,确保铁路持续安全稳定。

(二)应急演练

1.国家层面的铁路运输事故突发事件应急演练

2022年5月11日,兰州铁路监督管理局、中国铁路兰州局集团有限公司等铁路有关单位积极参加国务院抗震救灾指挥部办公室、应急管理部、甘肃省政府在张掖市等地联合举行的"应急使命·2022"高原高寒地区抗震救灾实战化演习。演习按照景区、高层、地下、铁路设4个外景场地，设置废墟搜救、中欧班列倾覆救援、西气东输油气管道泄漏救援等演习科目26个。其中，中欧班列倾覆救援科目实战化演习，模拟X1029次列车运行至兰新线张掖至平原堡间K526处时，因地震造成机车脱轨，集装箱坠落，司机被困，请求救援。接到处置命令后，铁路有关单位立即启动一级应急响应，发布调度命令，组织调度救援队伍、救援设备赶赴现场。同时，向张掖市政府通报事故初步概况，请求地方应急、消防、公安、交通、医疗等部门支援。各救援队通过现场检查，制定救援方案，明确了分工和救援作业流程。在遵循列车倾覆救援规律的基础上，创新运用新技术新战法，首次采用全方位交叉平行作业的新型救援方式，分3个作业小组同步开展救援：使用轨道起重机对脱轨机车、车辆吊复，用汽车起重机吊复坠落集装箱，同步使用FX-6A液压起复设备对脱轨车辆进行顶复作业。经全力处置，圆满完成了救援任务，机车车辆复轨，救援人员检查了线路几何尺寸、列车走行部、集装箱、接触网等设备，救援演习结束。此次演习按照联合指挥、建制用兵、多方参与、实导实演的方式，研究探索高原地区和高寒条件下铁路运输突发事件中救援力量运用、技术战法创新、综合保障方法，进一步强化全社会应急意识和应急技能，为筑牢防灾减灾救灾的人民防线提供了一个成功的救援"范本"。

2. 地方政府层面的铁路旅客大面积滞留突发事件应急演练

2021年1月22日，广州市政府、广州南站地区管委会、广州市交通运输局、广州市番禺区春运指挥部、中国铁路广州局集团有限公司、广州地铁集团、广州公交集团等40多个单位联合开展了春运应急综合演练。演练按照实战标准组织调配相关人员近300人次，模拟出现雨雪等恶劣天气，铁路运行受阻导致大面积旅客滞留，演练了应急疏散安置区旅客、旅客鼓噪、旅客暴力抗法、召开新闻发布会、旅客疏散等项目。通过演练，对做好广州地区2021年春运期间旅客运输组织和属地保障工作，有效防范和应对旅客滞留、应急信息处置、治安维稳等各类突发事件，提升实战能力，构建高效快速的应急联动机制起到了积极作用。

3. 铁路企业层面的多种类型突发事件综合应急演练

（1）2021年11月16~30日，中国铁路昆明局集团有限公司组织开展中老昆万铁路玉磨段应急演练

针对玉磨段研和—西双版纳区段长大隧道、长大坡道的特点，组织498人次，开展了综合性应急演练，重点演练了动车组故障应急救援、长大隧道组织旅客紧急疏散、车站道岔故障和区间红光带故障应急处置、车站人工准备进路发车、接触网越区供电、供电故障划小单元应急供电、接触网供电故障应急摆渡等项目，开行动力集中动车组、重联动力集中动车组、2500吨和2000吨货物列车、各种型号自轮运转设备，对动车组、货物列车在长大上坡道闯分相性能以及动车组列车、货物列车、自轮运转设备在长大坡道牵引制动性能和防溜性能进行了验证，检验了

中老昆万铁路玉磨段"1+32"应急预案体系，提高了应急救援能力。

（2）2022年6月8日，国家能源集团针对汛期多种类型突发事件组织6个子分公司344人开展综合应急演练

演练包括断轨抢修、信号机倾倒抢修、护坡溜塌抢修、353扣轨抢修、桥梁地段重车复轨、重载铁路隧道特种应急救援装备起吊C80重车、轨道吊吊复、电力机车拉复和C64车辆顶复等18个科目（见图5-1）。此次演练首次应用了"重载铁路隧道特种应急救援装备"进行双线隧道救援，有效解决了铁路隧道颠覆性事故救援难题，填补了隧道内应急救援装备整吊、横移、装卸一体化作业空白。演练进一步提高了应急管理集中指挥、协同作战等应急处置和救援能力。

图5-1 铁路企业应急演练

第二节 公路领域

（一）突发事件应急处置（四川泸定6.8级地震应急处置）

2022年9月5日12时52分，四川甘孜州泸定县（北纬29.59°，东经102.08°）发生6.8级地震，震源深度16千米。地震造成G227、G318、S217、S434等5条国省干线公路和40条农村公路阻断。地震发生后，交通运输部高度重视，启动交通运输Ⅱ级应急响应，成立"交通运输部应对泸定6.8级地震应急工作领导小组"，下设应急工作组、现场工作组和专家组。协调国家区域性公路交通（四川眉山）储备中心调拨大型应急装备支持灾区抢通保通工作。公路部门克服震区路段地质条件复杂、次生灾害频发、抢通难度大等影响，震后21小时，抢通震区农村公路4条；震后27小时，抢通S217和S434应急便道，抢通震区农村公路8条；10月23日，受地震影响中断的农村公路全部抢通。交通运输部指导四川省交通运输部门共协调派出抢险救援队伍178队次9507人次，调派救援机具设备2360台班，累计抢通223处阻断点；对97处受灾路段、危桥危隧实施管控，设置管制点位50个、地震观察哨122处、现场管制人员180人，保障震区路网运行迅速恢复正常。累计开通高速公路"绿色通道"1397条，保障12939辆应急救援车辆免费快速通行。

（二）应急演练（北京冬奥会极端天气综合交通保障应急联动演练）

2022年1月20日，北京冬奥会极端天气综合交通保障应急联动演练举行。演练共设置了"涉奥公路地质灾害处置""铲冰除雪""冬奥公路交通事故救援""公共交通应急服务保障"四大板块，包含滑坡体处置、机械化桥架设、高速公路铲冰除雪、直升机转运等22个科目，涉及清河火车站、108国道等7个演练场地。

按照情景导入、调度部署、山区公路地质灾害抢险保通、涉奥公路雪天应急保障、交通枢纽大客流疏散、冬奥公路交通事故应急处置的顺序，演练各环节顺利完成。此次演练采取"桌面推演与实战演练相结合""视频回传与实景展示相结合"等方式实现了集成展示。参演单位共40余家，包括交通运输部路网监测与应急处置中心、北京市交通委、武警第一机动总队某支队、天津市交通运输委、河北省交通运输厅、山西省交通运输厅、内蒙古自治区交通运输厅、北京市首发集团、北京市政路桥养护集团，以及北京市公安交管、气象、消防、卫健等属地力量和海淀、延庆、房山等地人民政府。演练共投入参演力量近600人、机械设备187台（套）、救援直升机1架。

演练采用"两级指挥部+多现场"模式，在交通运输综合应急指挥中心、北京市交通委应急指挥大厅设置了两个主会场，分会场设在各省级交通运输主管部门。时任交通运输部副部长戴东昌在观摩时指出，演练是部省、省际、部门联动的成功实践，突出服务保障冬奥会主题，突出统一指挥调度和多地联动，突出实战与演练相结合，突出绿色理念和防疫要求，既是一次实战练兵，也是一次战前动员，圆满达到检验预案、磨合机制、锻炼队伍、总结成果、提升能力的预定目标。

第三节　海上搜救

（一）突发事件处置

1. 在菲律宾以东海域救助巴拿马籍散货船"永丰"轮22名遇险船员

2021年1月13日，巴拿马籍散货船"永丰"轮（船上22人，其中中国国籍14人，孟加拉国国籍8人）在菲律宾以东约400海里海域机舱爆炸起火，船舶失去动力，货舱进水，有沉没危险。中国海上搜救中心协调中远海运集团"锦华峰"轮、中国香港货船"万鸿"轮、中国台湾渔船"闽发渔"轮赶往事发海域开展搜救。13日12时许，"永丰"轮22名遇险船员全部安全获救。福建省海上搜救中心妥善做好了获救人员转运回国和疫情防控工作。

2. 在温州以东海域搜救渔船"深联成707"轮10名遇险渔民

2021年3月2日8时许，远洋渔船"深联成707"（船上10人）在浙江温州以东约150海里处翻扣，10名渔民遇险。中国海上搜救中心共计协调公务船艇12艘次、渔业和社会船艇60余艘次，累计搜寻超过105小时，搜寻水域累计超过4700平方公里。经全力搜寻，5人获救，5人失踪。

3. 在山东蓬莱海域处理蓬莱19-3油田WHPV平台火灾险情

2021年4月5日6时许，蓬莱19-3油田WHPV平台在山东烟台龙口港西北约42海里发生井涌，随后发生浅层气火情。山东省海上搜救中心协调专业救助直升机转运受伤人员；协调海事执法船、专业救助船、专业救助直升机全力搜寻失踪人员；调集溢油应急设备物资，做好溢油应急处置准备；协调海事部门发布航行警告，对事发海域实施临时交通管制；指定中海油集团担任现场指挥，在重点区域布设6道围油栏，长度2400米。6日晚间，平台明火被扑灭。其间共协调37艘船舶参与现场处置，安全转移98人，失踪3人，事发海域附近未发生大面积溢油。

4. 在山东威海海域救助客滚船"中华富强"轮

2021年4月19日23时许，客滚船"中华富强"轮（载有旅客677人，船员、服务员85人）在由威海港驶往大连港途中，汽车舱载货车辆载运的硅泥发生自燃。发现险情后，该船立即将旅客疏散至船上安全区域，封闭第三甲板汽车舱并释放二氧化碳（见图5-2）。20日0时30分，"中华富强"轮靠妥威海客运码头，船上旅客全部安全转移上岸并被妥善安置。20日11时40分，在

图5-2 救助客滚船"中华富强"轮

第五章　交通运输典型突发事件应急处置案例和应急演练

应急处置过程中,"中华富强"轮发生爆燃,山东省海上搜救中心积极配合地方政府全力开展灭火救援。4月27日17时许,大火被完全扑灭。5月13日,"中华富强"轮被安全拖带进坞。

5. 在山东青岛海域处理利比里亚籍油船"交响乐"轮溢油险情

2021年4月27日9时18分,利比里亚籍油船"交响乐"轮与巴拿马籍散货船"义海"轮在距青岛朝连岛东南约11海里处发生碰撞,造成"交响乐"轮货舱破损,约9400吨货油泄漏,构成特别重大等级船舶污染事故。事故发生后,交通运输部领导高度重视,多次作出批示,召开专题会议,并派出工作组赶赴现场指导。山东省海上搜救中心在地方政府统一领导下,落实落细各项决策部署,积极开展存油过驳、溢油清除、安全保障等各项工作。溢油清除工作共历时54天。

6. 在浙江舟山海域救助巴拿马籍散货船"GRAND PROGRESS"轮多名发热船员

2021年8月3日21时许,装载煤炭的巴拿马籍散货船"GRAND PROGRESS"轮(中文船名"宏进"轮,船上20人,全部为中国籍)由菲律宾开往江苏南通途中,因多名船员出现发热情况,在舟山东福山以北水域锚泊,申请救治。浙江省交通运输部门在当地疫情联防联控机制统一领导下,认真贯彻落实各项工作部署,协调配合海关、疾控、卫健等部门,严密制定工作方案,启动紧急救助程序,积极开展发热船员救助工作。8月9日和15日,"宏进"轮20名船员分两批送往指定医院,其中,16人核酸检测结果呈阳性。13日,"宏进"轮15名接班船员抵达舟山,并完成核酸检测、疫苗接种等。20日,在完成三轮全

133

船消杀、接班船员登轮、物料补给和港口国监督检查后,"宏进"轮开航驶往江苏太仓港。

7. 在广西北海营盘镇白龙水域搜救侧翻排筏61名遇险人员

2021年8月9日,一机动排筏在广西北海营盘镇出海挖沙虫返程途中侧翻,61人落水遇险。交通运输部领导多次开展视频指挥调度,部署做好人员搜救工作。广西海上搜救中心立即协调海事执法船、专业救助船、海警船和渔政船等7艘船艇以及3架救助直升机赶赴现场救援,协调8名专业潜水员和6名潜水志愿者开展水下探摸作业,协调3辆海上救助方舱医疗车、8辆救护车以及国家海上紧急医学救援队37人开展遇险人员转移和治疗工作。最终,53人获救,8人死亡。

8. 在贵州省六盘水市光照电站库区搜救客船"六盘水客8015"轮57名遇险人员

2021年9月18日17时10分,在北盘江上游牂柯江光照电站库区,贵州省六盘水市六枝特区西陵航运公司所属钢质客船"六盘水客8015"遇突风发生侧翻,57人遇险。交通运输部领导多次作出批示,并派出工作组和潜水专家赶赴现场指导搜救,现场累计投入专业救援队伍214人,水下机器人、侧扫声呐、多普勒流速仪等设备1000余台次,消防车、救护车50余辆,救援船舶50余艘,累计搜索水域面积超过100万平方米(见图5-3)。经全力搜寻,42人获救,12人死亡,3人失踪。

9. 在福建海域救助无动力工程船"企业6"轮42名遇险船员

2021年10月11日12时38分,受第18号台风"圆规"影响,无动力工程船"企业6"轮(船上42人)在莆田南日岛西南约4.6

第五章 交通运输典型突发事件应急处置案例和应急演练

图 5-3 搜救客船"六盘水客 8015"轮遇险人员

海里处锚泊避风时锚链断裂，船舶失控，持续以 2~4 节的速度向西南方向漂移。福建省海上搜救中心指导船舶积极开展自救，协调专业救助直升机转移船上人员，协调专业救助船以及大马力拖轮前往救助并在旁守护（见图5-4）。受大风浪影响，"企业6"轮两天漂移170海里后，"东海救113"轮成功带缆，并将其拖带至安全位置。

图 5-4 救助无动力工程船"企业 6"轮遇险船员

10. 在长江口以东海域搜寻失联渔船"浙岱渔06609" 13名遇险人员

2021 年 10 月 16 日 18 时许，在长江口鸡骨礁东北约 105 海里海域，浙江籍渔船"浙岱渔06609"失联，13人遇险。上海海上搜救中心立即协调"东海救101"轮、"巨大"轮、7艘渔船以及海事固定翼飞机2架次、专业救助直升机3架次等力量开展搜救。17日8时45分，在专业救助直升机指引下，"东海救101"轮在遇险水域安全救起2名遇险人员。经全力搜寻，2人获救，11人失踪。

11. 在山东威海海域救助倾斜散货船"铭扬洲179"轮

2022年2月17日11时许，散货船"铭扬洲179"轮（船上12人，载4台大型变压器）在山东威海鸡鸣岛东北10海里处发生货物移位，船舶倾斜30度，主机失灵，船上12人遇险。山东省海上搜救中心协调专业救助船、专业救助直升机、港作拖轮及附近商船前往救助（见图5-5）。17日13时48分，船上12人全部被专业救助直升机安全救起。18日17时30分，"铭扬洲179"轮被安全拖带靠泊龙眼港东港池。

图5-5 救助散货船"铭扬洲179"轮船员

第五章 交通运输典型突发事件应急处置案例和应急演练

12. 在江苏连云港海域搜救翻沉渔船"辽盘渔15025"11名遇险人员

2022年3月8日1时许,渔船"辽盘渔15025"在江苏赣榆港以东约160海里处翻沉,船上11名渔民遇险。江苏省水上搜救中心组织协调专业救助直升机、专业救助船、海事执法船、中国海警船、附近商渔船等力量开展搜救;协调专业潜水员对渔船驾驶台、生活区、厨房、机舱等进行全面探摸(见图5-6)。经全力搜寻,救起1人,发现并打捞起3具遇难者遗体,7人失踪。

图5-6 搜救人员对翻沉的"辽盘渔15025"进行探摸

13. 在山东青岛海域救助搁浅油轮"ARZOYI"轮

2022年3月21日4时40分,巴拿马籍油轮"ARZOYI"轮(载原油约25万吨)在山东青岛港海业油码头靠泊作业期间断缆,导致船岸连接管道断裂,油轮漂移至中沙礁附近海域搁浅。山东省海上搜救中心协调"中油华远18"轮开展过驳作业,围绕"ARZOYI"轮布设三层围油栏。23日7时许,"ARZOYI"轮过驳5.61万吨货油后在拖轮的协助下乘潮成功脱浅(见图5-7)。28日10时许,"ARZOYI"轮完成全部卸货作业,船舶状态稳定,海面未发现溢油。

图5-7 拖轮协助"ARZOYI"轮脱浅

14. 在广东阳江海域搜救沉没浮吊船"福景001"轮30名遇险人员

2022年7月2日凌晨,风电施工浮吊船"福景001"轮在广东阳江闸坡海域避风时走锚并沉没(见图5-8),船上30人遇险。交通运输部认真贯彻落实习近平总书记重要指示精神和李克强总理等国务院领导同志批示精神,部主要领导多次作出批示,启动二级应急响应,多次召开应急处置会商会、专题会,并派出督导组赴现场指导。广东省海上搜救中心启动一级应急响应,累计协调派出搜救船舶5743艘次、飞机81架次,潜水员水下探摸10次,搜寻面积超过1万平方海里。经全力搜寻,4人获救,发现并打捞起25具遇难者遗体,1人失踪。

第五章 交通运输典型突发事件应急处置案例和应急演练 <<<

图 5-8 遇险的"福景 001"轮

15. 在浙江奉化海域搜救侧翻渔船"浙奉渔休60051" 16名遇险人员

2022年7月17日12时45分，因突发强对流天气，浙江宁波奉化翡翠湾码头与登船平台间的浮桥和系泊在平台上的渔船"浙奉渔休60051"被大风吹翻（见图5-9），船上16人落水遇险。浙江省海上搜救中心配合地方政府组织协调海事执法船、渔政船、海警船、海监船及应急救助队开展搜救。经全力搜救，5人获救，11人死亡（其中10人救治无效后死亡）。

图 5-9 侧翻在滩涂上的"浙奉渔休 60051"

16. 在马祖列岛海域搜救翻扣散货船"海福168"轮10名遇险人员

2022年8月27日9时许，散货船"海福168"轮在马祖列岛东犬岛西南3海里附近海域翻扣，船上10人遇险。中国海上搜救中心、福建省海上搜救中心组织协调公务船艇、专业救助船47艘次，专业救助直升机11架次，过往商渔船、乡镇船舶219艘次，水下探摸2次，累计开展搜寻624小时，搜寻面积约680平方公里（见图5-10）。经全力搜救，1人获救，发现并打捞起5具遇难者遗体，1人失踪。

图 5-10　搜救"海福168"轮遇险人员

17. 在山东海域搜救翻沉散货船"新昌泰1"轮12名遇险人员

2022年10月3日22时30分，散货船"新昌泰1"轮在山东莱州湾海域翻沉，船上12人遇险。交通运输部高度重视，部主要领导、主管部领导分别作出批示部署搜救工作，假期带班部领导立即到交通运输综合应急指挥中心视频调度山东省海上搜救中心，指导开展应急处置工作。山东省海上搜救中心协调2架专业救助直升机、1艘专业救助船、2艘海事执法船、1艘渔政船、5艘拖轮和200余艘商渔船开展搜救。经全力搜救，6人获救，6人失踪。

18. 在福建莆田海域救助沉没韩国籍化学品船"KELSEY2"轮21名遇险人员

2022年10月15日3时20分，韩国籍化学品船"KELSEY2"轮在福建莆田海域倾斜进水，有沉没危险，船上21人遇险。中国海上搜救中心指导福建省海上搜救中心全力做好遇险人员救助、遇险船舶状态监控、海上环境监测等工作，协调危化品应急处置专家，以及海洋渔业、生态环境等部门做好遇险船舶后续处置工作。15日7时30分，21名遇险人员先后被交通运输部所属专业救助直升机和台湾中华搜救协会协调的救助直升机安全救起（见图5-11）。

19. 在浙江舟山海域搜救翻沉渔船"浙岱渔04210" 13名遇险人员

2022年11月28日7时49分，渔船"浙岱渔04210"在浙江舟山市东北约17海里处侧翻（见图5-12），船上13名渔民遇险。中国海上搜救中心指导浙江省海上搜救中心协调专业救助直升机、海事执法船、专业救助船以及现场附近商渔船等力量开展搜救。经全力搜救，7人获救，6人失踪。

20. 在山东威海海域搜救沉没渔船"鲁日山渔61027" 11名遇险人员

2022年12月22日2时许，渔船"鲁日山渔61027"与中国香港籍散货船"金旺岭"轮在威海石岛东南约22海里处发生碰撞后沉没，船上11名渔民遇险。交通运输部认真贯彻落实刘鹤

图 5-11 专业救助直升机转移"KELSEY2"轮上人员

图 5-12 船底露出水面的"浙岱渔 04210"

副总理批示精神，调度指导山东省海上搜救中心全力组织人员搜救。山东省海上搜救中心协调 1 架专业救助直升机、1 艘专业救助船、5 艘公务船、2 艘拖轮开展搜救，累计海上搜寻面积 530

第五章　交通运输典型突发事件应急处置案例和应急演练

余平方海里，岸线巡查130余公里。经全力搜救，打捞起5具遇难者遗体，6人失踪。

（二）应急演练

1. 2021年可持续交通大会保障应急演练

2021年10月14日，2021年可持续交通大会保障应急演练在北京、天津和河北三地举行。演练采用京津冀协同的形式，利用视频会议系统、单兵系统等科技手段，以远程调度和实地演练相结合形式进行。演练模拟京津冀地区出现短时强降雨，多处道路发生险情。演练包括4个科目——因连续降雨道路湿滑，国道（G233）克黄线青松岭隧道入口处发生两辆中型货车追尾，造成道路中断，后车司机受伤；隧道周边出现严重积水；疫苗运输保障；港口集装箱液体泄漏。演练是提高京津冀交通运输应急保障能力、强化责任担当、确保大会成功召开的一次重要练兵，检验了北京、天津和河北三省市交通运输系统应急指挥调度能力和应急抢险实战能力，提高了2021年可持续交通大会综合交通应急响应能力及保障能力。

2. 2021年国家海上搜救无脚本实战演练

2021年9月13日，2021年国家海上搜救无脚本实战演练在曹妃甸东锚地东侧海域举行。演练模拟一艘渔船在曹妃甸海域因大风天气翻扣（见图5-13），船上共11人遇险。主要演练报警信息核实、分级响应、成立应急指挥部、决策指挥、现场搜寻、决策支持、信息发布7个场景。演练实施阶段中国海上搜救中心常务副主任和河北省海上搜救中心领导分别担任演练总指挥和执行总指挥。共400余人、19艘船艇、1架直升机、2架固定翼无人机、6架旋翼无人机参加演练。各部门力量配合默契，完成了海空联合搜救、翻扣渔船水下探摸作业、被困人员搜寻、获救人员送岸转移等科目。本次演练是首次国家级无脚本海上搜救实战演练和首次国家级海上搜救应急处置全预案响应、全过程演练尝试，不设脚本，全程按照应急处置的真实状态展现和实战搜救，对海空联合搜救、翻扣渔船水下探摸作业、搜救中止评估等工作具有现实的指导意义，是落实"人民至上、生命至上"的具体体现，是贯彻"推进我国应急管理体系与能力现代化"要求的具体工作。

图5-13 2021年国家海上搜救无脚本实战演练

3. 2021年琼州海峡海上危险货物运输综合应急演练

2021年12月7日，2021年琼州海峡海上危险货物运输综合应急演练在海口秀英港4#锚地举行。演练模拟琼州海峡突发浓雾情况下一艘载运20辆危险货物车辆的客滚船与一艘供油船"供油1号"轮发生碰撞的情景，重点演练了海上大雾锁航应急、远程医疗指导、会商研判、伤员救治、海上人命搜寻救助、现场勘查及环境监测、船舶消防、危化品处置、琼粤桂三省应急部门协同、海上溢油处置10个科目（见图5-14）。演练中海南省副省长担任总指挥，海南省海上搜救中心常务副总指挥（海南海事局局长）、海南省应急管理厅厅长、海口市人民政府市长担任副总指挥，海南省海上搜救中心办公室主任（海南海事局分管副局长）、海南省应急管理厅分管副厅长、海口市人民政府分管副市长、南海救助局分管副局长担任现场总指挥。共有参演单位30家，参演人数约400人，出动各类船艇19艘、飞机2架，以及包括无人机、无人船、侦察机器人、应急指挥车、120急救车、交警执勤车在内的各类应急物资和设备。本次演练是海南自由贸易港建设以来举办的首次大规模海上危险货物运输综合应急演练，充分检阅了琼州海峡两岸对海上危险货物运输风险应对能力，也是贯彻落实习近平总书记关于安全生产工作和应急管理体系及能力现代化的重要指示精神、服务2022年春运的一次实战练兵。演练旨在深刻吸取近期海上危险货物运输事故教训，提升海峡两岸共同应对海上危险货物运输突发事件协同作战能力，探索构建与海南自由贸易港相适应的海上应急管理体系和能力。

图 5-14　2021 年凉州海峡海上危险货物运输事故应急演练

4. 2022 年国家海上搜救综合演练

2022 年 10 月 27 日，2022 年国家海上搜救综合演练在珠江口沙角锚地水域举行（见图 5-15）。演练模拟高速客船"启明星"轮与油船"山河号"轮在珠江口 36SJ 锚地西面水域（北纬 22°41.54′，东经 113°41.68′）发生碰撞，致"启明星"轮破损进水，5 名旅客落水，船上还有 50 名旅客需要转移救助，"山河号"轮#2 货舱左舷破损出现油污，随后起火，并有 1 名船员受重伤，亟须送医院治疗。"启明星"轮在碰撞水域东南侧抛锚等候救援，"山河号"轮失控正漂向深中通道在建桥梁，威胁在建大桥安全。本次演练由交通运输部、广东省人民政府主办，香港海上救援协调中心、澳门特别行政区政府海事及水务局协办。交通运输系统、粤港澳地区 20 家单位，28 艘船艇、3 架飞机、500 余人，以及应急指挥车、远程医疗设备、120 救护车等各类应急

第五章 交通运输典型突发事件应急处置案例和应急演练

物资和装备参加演练，重点演练了人命救助、伤员救治、人员转移、船舶消防、溢油现场勘查及环境监测、会商研判、溢油处置、协同应急8个科目。本次演练聚焦粤港澳大湾区水域巨灾情景构建，全面覆盖海上人命救助、环境救助和财产救助全要素，重点检验"部省联动、区域联动"海上应急协调机制，展示中国海上搜救实战能力。

图5-15 2022年国家海上搜救综合演练

第四节 民航领域

（一）突发事件处置

2021年，民航未发生、引发重大和特别重大突发事件，民航各单位先后妥善处置多起行业突发事件，积极应对强降雨、台风、地震等自然灾害，最大限度地减少了突发事件造成的影响。

民航局妥善处置"2·20"东海航空机组空中发生冲突、"3·1"北大荒通用航空坠机、"3·19"北京泛亚通航坠海以及"8·29"华夏航在阿克苏机场偏出跑道等行业突发事件，牢牢守住了运输航空安全底线。

民航各单位深入贯彻落实习近平总书记对防汛救灾工作作出的重要指示精神，统筹安全运行和防汛救灾工作，密切配合，积极应对"烟花"等台风、"7·20"郑州区域特大暴雨等自然灾害，各地区整体运行平稳有序。按照党中央、国务院决策部署，高质量完成云南漾濞县、青海玛多县抗震救灾和陕西蓝田抗洪抢险等一系列应急救援和紧急运输保障任务。

2022年全行业妥善处置"3·21"东航坠机、"5·12"西藏航偏出跑道等重大突发事件，尤其是"3·21"事故发生后，民航相关单位按照习近平总书记重要指示精神，在党中央、国务院的坚强领导、周密部署和具体指导下，第一时间启动应急机制，协同高效完成现场搜救，及时主动进行舆情应对，依法依规开展技术调查，用心用情完成善后理赔，未发生次生、衍生灾害，行业应急处置能力经受住了实战考验。

1. 2021年8月29日华夏航空 CRJ-900/B-3250 号机执行 G54394（库尔勒-阿克苏）航班落地后偏出跑道事件

2021年8月29日，华夏航空 CRJ-900/B-3250 号机执行 G54394（库尔勒-阿克苏）航班。17时8分从库尔勒起飞，18时13分在阿克苏机场27号跑道着陆，落地后飞机从跑道尽头左侧偏出，前轮位置距离跑道尽头约82米。

事件发生后，民航新疆管理局立即成立调查组，第一时间赴

第五章 交通运输典型突发事件应急处置案例和应急演练

阿克苏开展调查。调查组现场勘查了航空器损伤情况、飞机偏离跑道轨迹、跑道道面情况；调取了陆空通话录音和事发阶段机场监控录像；封存了 CVR 驾驶舱语音记录器、FDR 飞行数据记录器；对当班机组和空管人员进行笔录问询；对该航班 QAR 数据进行了分析。

经调查，这是一起多种因素导致的飞机接地晚、滑跑过程中出现滑水现象、使用刹车时机偏晚，最终飞机停止距离不够，在跑道尽头左侧低速偏出的不安全事件。机组使用阿克苏机场 27 号跑道进近准备不完整，未对降水、顺风以及跑道道面情况等影响着陆性能的因素进行充分评估，且落地后失去情景意识，未及时识别出存在冲偏出跑道的危险。地面保障缺乏风险意识，未及时对跑道积水情况进行测量；未及时向机组提供完整准确的关键情报信息。依据《民用航空器事故征候》（MH/T 2001—2018）第 3.15 条款："起飞或着陆中，冲出、偏出跑道或跑道外接地"，该事件构成一起以机组原因为主的运输航空严重征候。

此外，调查还发现，空管、机场等单位在应急救援过程中存在信息传递不及时、信息报告不规范、应急响应迟缓、紧急出动滞后等问题。针对调查中发现的问题，调查组对航空公司、空管、机场提出了 15 条安全建议。

2.2021年3月1日北大荒通航 BE300/B-10GD 号机在江西吉安坠机事件

2021 年 3 月 1 日，北大荒通用航空有限公司（以下简称"北大荒通航"）BE300/B-10GD 号机在江西省吉安市执行人工增雨作业任务。14 时 40 分（北京时间，以下同），飞机从赣州黄金机场起飞。14时46分，飞机转频至南昌区调。15时18分，飞机坠落在吉安市吉安县澧田镇上湖村（北纬27°14′12″，东经114°42′16″），飞机坠地后起火燃烧。机上共5名人员（其中2名飞行员、3名气象作业人员）当场死亡，飞机烧毁。事件还导致周边民房受损，地面1名村民被烧成轻伤。

事发后，民航华东地区管理局成立事故调查组。调查组开展了现场勘查、公司人员笔录、目击者访谈、视频监控调取、气象信息获取、海事卫星数据获取、飞行数据译码分析等事故调查工作。

现调查工作已经完成，经调查认定导致该事故的原因是：事发飞机在实施人工增雨作业过程中长时间在结冰条件下飞行，出现机翼和螺旋桨严重结冰，机组未能对飞机结冰风险进行有效控制，进而飞机失速并进入螺旋，最终坠地起火。根据人员伤亡和飞机受损情况，该事件构成一起机组原因的通用航空较大事故。

调查还发现事发飞机经过改装后，相关数据资料不全；机组螺旋改出操作动作不规范等问题。

调查组针对事故调查情况，对北大荒通航在公司安全管理能力、手册管理、安全隐患排查、人员培训等方面提出了4条安全建议，对江西空管分局提出了提升管制人员特情处置能力的安全建议。

3. 2021年3月19日北京泛亚通航 Bell-206/B-7720号直升机厦门失控坠机事件

2021年3月19日，北京泛亚通用航空有限公司（以下简称"北京泛亚通航"）Bell-206/B-7720号直升机在厦门执行空中游览任务。16时35分11秒（北京时间，下同）直升机从厦金湾直升机机场起飞，16时37分22秒，该机坠海，坠落位置为思明区

第五章　交通运输典型突发事件应急处置案例和应急演练

观音山附近海域（北纬 24°29′24″，东经 118°11′57″）。机上共 4 名人员（其中 2 名飞行员、2 名乘客）全部遇难，直升机损毁。

事发后，民航华东地区管理局成立了调查组，完成了现场勘查、残骸清理、公司人员笔录、目击者访谈、证据封存、油品送检工作，获取了气象信息，调取了起飞机场和事发地周边监控，对当日天气情况、放行决策、飞行操作、管制指挥等情况进行了分析。

调查组认为，造成本次事故最大可能原因是直升机在目视飞行过程中意外进入海上平流雾的仪表气象条件，飞行员在失去目视飞行参考依据的情况下，产生了生理错觉，从而导致空间定向障碍，失去对直升机状态的控制，加之脱离平流雾底部后距离海平面高度不足，来不及进行修正改出，直升机失控坠海。

调查还发现公司在安全责任落实、手册制度制定、安全人员配备、安全检查落实和应急管理等方面存在问题。根据调查中有关情况，调查组向北京泛亚通航提出了 4 条安全建议；另外，也向民航局提出了关于通航运行航空器数据记录设备、加强运行监管等 2 条安全建议。

（二）应急演练

2021 年，民航局参加了国务院抗震救灾指挥部办公室、应急管理部、四川省人民政府联合开展的"应急使命·2021"地震应急演习，进一步提升了行业抗震救灾处置能力。民航各单位开展大型综合演练 258 次，民航局和各地区管理局、监管局开展演练督导 152 次，切实达到了锻炼队伍、磨合机制、检验预案的良好效果。5 月 25 日，民航局举行的"护航 2021"民航反劫机综合演练，共有 22 家民航单位、18 家国家和地方单位参与演练，涵盖非法干扰、反劫机、消防、急救、运行调整和地空联动、军地联动、社会支援力量联动等多个方面，充分展示了近年来民航空防安全能力水平。

2022 年，各单位积极参加国家"应急使命·2022""2022 年国家海上搜救综合演练"等大型综合演练，圆满完成涉民航科目，共组织大型综合演练 175 次，各地区管理局、监管局共开展 121 次演练专项督导，指导民航企事业单位发现问题、完善预案。

第五节　邮政领域

（一）突发事件处置

1. 极兔速递并购百世快递

2021 年 10 月，极兔速递和百世快递签署"股权和资产购买协议"，启动收购工作。极兔成为百世全资控股股东，两家企业在业务系统方面互联互通，双方正在逐步开展两网融合工作。极兔对百世国内快递板块的并购，是快递市场近年来规模最大的兼并活动。

在北京冬奥会和冬残奥会、全国两会举行，2023 年下半年党的二十大召开等系列重大活动期间，维护行业稳定至关重要。国家邮政局对两家企业实施行政指导，各级邮政管理部门密切关注、及时掌握辖区极兔、百世相关情况，认真研判可能产生的涉稳风险。督促企业落实主体责任和社会责任，充分认识维护行业稳定、社会稳定的重大意义，采取有力有效措施及时妥善处置苗头性事件，防止发生影响社会稳定的群体性事件。同时，国家邮政局印发通知，要求各级邮政管理部门采取有效措施进一步摸清辖区两家企业加盟商、基层网点、处理中心的基本情况，抓紧对辖区两家企业开展行政指导，充分了解辖区两网并购重组进展情况，及时向地方党委、政府汇报工作；维护安全稳定，督促企业及时解决从业人员欠薪问题，加强对企业收购重组期间的安全监管，督促企业及时结清货车司机薪酬或者运费，督促企业做好用户信息保护工作，督促企业毫不松懈抓好疫情防控。

2. 浙江杭州"309"涉疫事件

2022年3月9日，浙江省杭州市余杭区顺丰速运中转场发生多人感染新冠肺炎事件。杭州市疫情防控部门对该中转场所在的物流园区整体封控共有1100多人（含顺丰速运、德邦快递和6家其他物流企业人员）集中隔离。

国家邮政局领导研究部署、指挥调度事件应对处置工作，指导浙江局开展工作。向浙江局印发两个通知，一是要求核实提供杭州疫情相关溯源信息，二是责成依法组织开展专项调查。向各省级管理局和各寄递企业总部发出关于避免聚集性活动、防止疫情传播的提示信息。督促指导各省级管理局落实3月11日《国家邮政局安全监督管理司关于做好浙江杭州顺丰中转场员工感染新冠肺炎事件应对处置工作的通知》要求。收集各省（区、市）汇总数据、答复咨询。组织研究行业疫情防控工作存在的问题短板及对策建议。派出工作组赴浙江杭州指导疫情防控及事件应急工作，梳理情况，在杭州会见浙江省副省长，就行业疫情防控交换意见，共同出席浙江省邮政管理系统疫情防控视频调度会并讲话。赴浙工作组与浙江局座谈，了解处置进展，研判分析形势，进行工作指导。

（二）应急演练

1. 西藏自治区邮政管理局组织开展自治区快递业消防应急演练

为进一步做好春节、藏历新年期间寄递行业消防安全工作，有效防范遏制消防事故发生，2021年1月6日，西藏自治区邮政管理局联合自治区快递行业协会举办了自治区快递业消防应急演练，中通、韵达、申通、百世、圆通等主要快递企业参加了演练。此次演练通过分析火灾危险性及预防措施、初期火灾的扑救常识、现场演示灭火器正确使用方法、一线人员逐一进行灭火操作等方式，进一步提升了快递一线人员消防知识水平。同时，围绕险情突发、应急预案启动、人员疏散、现场处置、事件上报等环节，在快件分拣场地和员工住宿区分别开展了消防应急演练。整个演练过程响应迅速及时、信息传送畅通、处置科学有序、演练贴近实战，达到了预期效果。

2. 北京市邮政管理局组织开展2021年行业应急演练

2021年6月15日，北京市邮政管理局在百世快递北京转运中心举行2021年邮政快递业应急演练，全市20家寄递企业代表观摩演练。本次应急演练针对收寄验视、快件过机安检、行业疫情防控、网点快件积压、仓库火灾事故五个方面进行应急处置，分别预设模拟在收寄环节发现寄件人寄递物品夹带违禁品、在安

第五章　交通运输典型突发事件应急处置案例和应急演练

检环节发现快件内有疑似爆炸物、在运营过程中防疫部门通报企业出现疫情、某快递网点因快件集中到达导致积压、在生产过程中企业处理场所出现火灾险情等五个场景，通过发现安全险情、启动应急响应、组织人员疏散、强化现场管控、及时报警报告、有效配合处置等环节以及落实行业疫情防控"一停二消三查四保"要求的实战演练，增强企业突发事故应急处置能力和意识，进一步提高全行业防范和应对突发事件的能力。

3. 新疆维吾尔自治区邮政管理局组织开展行业突发事件应急演练

为切实做好建党100周年庆祝活动期间寄递渠道安全服务保障工作，进一步增强全行业应急救护及消防安全意识，提高行业从业人员应急处理能力，2021年6月18日，新疆维吾尔自治区邮政管理局在顺丰万纬物流园中转场组织开展了2021年新疆邮政快递业突发事件应急演练。此次演练由两个情景组成。场景1模拟企业快件处理场地一名装卸工突然呼吸心跳停止，现场人员经过判断，及时采用心肺复苏术，恢复患者呼吸和意识及后续处置的情景。场景2模拟快件处理场地因电源线路老化短路失火燃烧，企业人员及时引导疏散员工，组织自有消防人员开展初期灭火，消防救援队接到报警及时赶往现场进行救援的情景。演练完毕，乌鲁木齐市红十字应急救护教育中心指导老师和乌鲁木齐消防救援支队有关同志对演练进行点评。

4. 浙江省邮政管理局组织开展行业突发事件应急演练

为落实国家邮政局切实抓好薄弱环节排查整改确保邮政行业安全度汛工作有关要求，积累防汛抢险、防疫防控实战经验，切实提升各级邮政管理部门、各寄递企业应急处置、上下联动能力，2021年7月19日，浙江省邮政管理局联合温州局组织开展2021年全省邮政快递业突发事件应急演练。本次演练包括涉疫快件应急处置和极端恶劣天气引发快件积压应急处置两个演练场景。根据演练场景实际情况和处置时效要求，分别采用应急预警和应急响应两种不同的处置流程，开展省、市、县三级联动和企业间协作，并结合对应急预案和事故事件信息报送有关要求进行标准化演示、讲解，通过全程录制的方式实现演练和教育培训相统一。演练采取线上线下相结合的方式，应用国家局应急指挥系统对各级邮政管理部门以及各寄递企业进行指挥调度。

5. 安徽省邮政管理局组织开展行业突发事件应急演练

为切实提高全省邮政快递业突发事件应急处置能力，加强部门沟通与协作，防范和遏制各类生产安全事故，2021年7月21日，安徽省邮政快递业突发事件应急演练在阜阳顺丰处理场地成功举行。此次演练模拟寄递企业处理中心发现携带病毒快件、发生火灾事故、发现疑似爆炸物三个突发事件的应急处置，着重检验邮政快递业突发事件先期处置、信息报送、资源调动、决策指挥、协同应对和配合事故调查等工作。演练调用了现场指挥车、消防高喷车、登高救援平台、排爆机器人、排爆车、消防机器人、无人侦察机、无人消毒机等现代科技装备，有效提升了演练的效果和效率。公安、消防、疾控中心和快递企业等单位近200人参加演练。参演人员按照既定计划，分工明确、迅速响应、配合紧密、操作规范，圆满完成了各个演习科目。

6. 应急演练促提升，防患未然保安全

2021年9月17日，福建省、福州市两级邮政管理部门在福州邮区中心分公司举办邮政快递业安全生产操作规范和突发事件应急预案演练活动。福建省快递行业协会、省委政法委、省公安厅、省国安厅、省交通运输厅、省应急管理厅等部门代表及各快递企业相关负责人观摩演练。此次演练主要分为模拟演练邮运车辆及邮件消杀规范操作、不明液体泄漏处置、触电伤害应急处置及车厢灭火应急处置四部分。参演员工通过现场讲解和示范，快速采取有效的应急处置措施并进行实际操作演练，全过程紧凑有序，处置方式及时有效，各环节配合默契，演练达到了预期效果。现场还开展了消防常识工作体验，为企业员工讲解示范了灭火器、消防服等消防设备的使用方式。通过此次演练，企业在发生应急突发事件时的救援处置程序得到进一步规范，员工安全意识也得到增强。

7. 吉林省邮政管理局举办邮政业综合应急演练

为进一步防范化解重大风险、及时妥善应对各类突发事件、提升行业应急处置能力，2021年11月8日，吉林省邮政管理局举办了2021年邮政业综合应急演练。各市（州）局分管局领导和相关负责人、省邮政业安全中心、各寄递企业省级公司负责人现场观摩了演练活动。此次演练从实战角度出发，共设定了三个事故类型科目，长春市公安、应急、消防、卫生等多部门共同参与了此次演练活动。演练过程中，各环节衔接紧密、进展顺利，各参演队伍和企业员工面对突发状况，沉稳冷静，按照有关规定和预案流程，有条不紊地应对处置，配合默契，顺利完成了全部

预定科目的演练。

8. 海南省邮政管理局开展行业消防安全培训和演练

为切实提高邮政快递业消防安全意识、增强消防应急处置能力，2022年5月30日，海南省邮政管理局组织开展邮政快递业消防安全培训及演练。培训邀请了消防领域的专家讲授了消防安全有关知识，对如何加强消防管理、正确应急和有效处置火情等进行了详细讲解，并组织开展了灭火扑救演练。

9. 辽宁省邮政管理局开展行业疫情防控和消防安全演练

为做好邮政快递业疫情防控和安全生产工作，进一步提高全省行业安全生产意识，2022年7月26日，辽宁省邮政管理局在沈阳市举行2022年全省行业疫情防控和消防安全应急演练。演练包括消防安全专项演练和疫情防控专项演练两部分。消防安全专项演练模拟快递企业操作车间一配电柜发生火情的应急处置情况。疫情防控专项演练模拟突发疫情处置情况。通过演练，行业从业人员对突发事件的应急处置能力得到进一步提高，企业的主体责任得到进一步强化。

10. 云南省邮政管理局组织开展行业疫情防控应急演练

2022年11月23日，云南省邮政管理局组织开展全省省级处理（分拨）中心疫情防控应急演练，实现省级分拨中心全覆盖。昆明局、省邮政业安全发展中心相关负责人全程督导演练。演练以行业疫情防控应急预案为蓝本，严格按照有关规范操作程序和要求制定演练方案，以模拟情景实战演练的方式开展。按照疫情前期风险预防、防疫物资储备和发放、疫情发现、疫情上报、指挥调度、人员封控、核查流调、核酸检测、快件及场所消

第五章　交通运输典型突发事件应急处置案例和应急演练　<<<

毒等步骤，进行全要素、全流程实战演练。在整个演练过程中，演练企业应急预案制定合理全面、责任分工明确、流程清晰、各环节衔接紧密、应急处置措施规范科学合理，演练企业安全高效地完成了应急处置演练任务，达到了预期效果，进一步提高了企业疫情防控能力和突发事件处置能力，有效提升了行业面对突发情况时的指挥调度能力和政企协同配合处置能力，为寄递渠道安全畅通提供了有力保障。

第六章
国外交通运输应急管理概况及典型案例分析

第一节　国外应急管理体系概况

（一）美国应急管理体系

1. 美国应急管理体系的主要框架

美国应急管理体系基本与其行政管理体制相对应，可以分为纵向和横向两个方面。从纵向来看，国家有联邦国土安全部、国家安全委员会、联邦紧急事务管理局（FEMA）、联邦调查局、中央情报局及一些辅助性机构，各州有灾害预防应对办公室，各郡县有应急通讯指挥中心；从某一地区的横向具体操作层面来看，又可分为包括9·11紧急救助服务系统在内的应急通讯指挥中心、独立的消防和紧急救助机构，以及包括医院在内的各类医疗救治中心等各类操作机构。无论是纵向还是横向都有明确的机构在发挥重要作用，充当着应急管理的协调、组织、实施等角色，如FEMA就是一个从中央到地方，统合政、军、警、消防、医疗、民间组织及市民等一体化指挥、调度，并能够动员一切资源进行法治管理的体系。

2. 美国应急管理体系的网络

美国应急管理体系从总体上看，实行联邦政府、州和地方的三级反应机制。联邦紧急事务管理局是联邦政府应急管理的核心协调决策机构，2003年3月被划拨给新成立的国土安全部，其下属的"紧急事务预备与应对办公室"就有约2500名专职雇员和5000名后备人员，主要负责应急管理的决策与协调。从横向来看，联邦应急计划明晰了各联邦政府部门与机构的相关职能；从纵向来看，各级政府均设有应急管理机构。这些机构及机制形成了美国纵向垂直协调管理、横向相互沟通交流，信息资源和社会资源充分共享，组织机构完备且覆盖全国范围的应急管理网络。

3.美国应急管理体系的应急管理计划

应急管理中最重要的是在突发事件发生前就制定健全的应急管理计划，从而有的放矢地对突发事件展开有效处置。因此，美国制定了纲目并举的应急管理计划，既有总体上的联邦应急计划（FRP），也有具体针对特殊性质突发事件的运作纲要，如应对国内恐怖主义的运作纲要CONPLAN。其中FRP作为政府应急管理的基本法更是发挥着重要作用。FRP是美国联邦紧急事务管理局、商务部、国防部等27个部门及机构共同签署的具有法律约束力的政府文件，综合了各联邦机构预防、应对突发紧急事件的措施，通过全国突发事件管理系统，为各州和地方政府应对恐怖袭击、灾难事故和其他突发事件提供指导。FRP中详细规定了应急管理的政策、原则、计划设计的前提、运作纲要、应对重建行动、各部门及机构的职责和协调机制。该计划是总统宣布紧急状态后整个联邦政府运作的执行纲要。

第六章 国外交通运输应急管理概况及典型案例分析

（二）日本应急管理体系

1. 日本应急管理体系的框架

日本应急管理体系以法律、制度、功能为依托，以首相为最高指挥官，内阁官房负责整体协调和联络，通过安全保障会议、中央防灾会议、金融危机对策会议等决策机构制定危机对策，由国土厅、气象厅、防卫厅和消防厅等部门根据具体情况进行配合实施。日本的应急管理体系大体上分为国家、都道府县、市町村和居民四个层级。

2. 日本应急管理体系的网络

日本内阁官房是负责突发事件应急管理决策指挥的中枢机构，内阁官房作为首相的辅佐机构，在应急管理体系中的主要职能是尽早获取情况，向相关部门传达，召集各省厅建立相应的应对机制，并对各省厅制定的政策进行综合调整，同时负责向外界发布应急管理的相关信息。为提升国家整体应急管理能力，日本政府还设置系列审议会议。其中，安全保障会议由首相任议长，下设"事态对策专门委员会"，为决策提供相关建议；中央防灾会议负责制定防灾基本计划和审议有关防灾等重要事项；金融危机对策会议主要负责制定应对经济危机以及金融危机的方针、政策。日本多层级的应急管理体系本身就是发达的应急管理体系，此外还有畅通的信息网络作为应急管理的重要保障。日本政府利用高技术建立了以政府各职能部门为主的固定通信线路、卫星通信线路和移动通信线路的"中央防灾无线网"，以全国消防机构为主的"消防防灾无线网"和以自治体防灾机构或者当地居民为主的"防灾行政无线网"等专门用于防灾的通信网络。

3. 日本应急管理体系的应急管理计划

日本应急管理体系中的应急管理计划，基本建立在原有防灾规划基础之上。1961年，日本制定了被称为"防灾宪法"的《灾害对策基本法》；1978年制定了《大规模地震对策特别措施法》；1992年制定了《南关东地区直下型地震对策大纲》。以这些法规为基础，日本的应急管理体系逐步法制化、系统化。其中，以1995年阪神地震为分界点，日本应急管理体系从"综合防灾管理体系"阶段转向"国家危机管理体系"阶段。自1959年以来的35年中，在综合防灾管理体制下，日本的灾害死亡人数没有超过230人。但是，1995年1月17日发生了阪神地震，其死亡及下落不明者达6433名，倒塌的房屋为104900户，同年3月东京发生了地铁沙林放毒事件（死亡11人，受伤5000多人）。被认为万无一失的防灾体制出现了严重的缺陷。为此，日本从1996年开始建立国家危机管理体系。1995年7月，日本政府对《防灾基本计划》进行全面修改，注入新的减灾防灾理念，职能分工更加明晰，对策针对性进一步增强。到2002年全国部门性的防灾计划——《防灾业务计划》和地方政府的防灾计划——《区域防灾计划》已修改完成，形成了一个以内阁府为核心的、从中央到地方、层层深入的防灾对策计划体系。日本政府加快应急管理体系建设的一系列措施，使日本应急管理体系建设进入一个"日常化"的新阶段。此外，日本政府还将每年9月1日定为国民"防灾日"，每年的这一天都要举行有首相和相关大臣参加的全国性综合防灾训练。

（三）经验分析

通过分析美国、日本等国家应急管理体系的框架、网络及应急管理计划等内容，可以看到，国外应急管理体系已较为完善，可供借鉴的经验主要包括如下几个。

1. 法律体系趋于完善

完善的法律法规体系是应急管理措施得以迅速、有效实施的保证，它对减少突发事件给生命财产安全带来的损失、尽快恢复正常社会秩序和功能有着十分重要的意义。西方一些发达国家非常重视应急管理体系的法律法规建设，许多国家都有这方面的专门立法，如美国的《国家安全法》《全国紧急状态法》《反恐怖主义法》等，日本有《武力攻击事态对应法案》《安全保障会议设置法修正案》等。这些法律法规对保障政府部门行使权力、尽快处置突发事件、避免或减少损失起着重要作用。

2. 组织结构较为健全

从国际上看，一些发达国家对建立强有力的应急管理体系协调制度都相当重视。如美国的联邦应急管理局，这些部门在突发事件的应急管理中，在中央与地方之间、政府与社会之间起到桥梁作用，是应急管理中的重要协调、执行机构。从实际效果来看，"9·11"事件发生后，美国联邦应急管理局迅速启动"综合应急管理系统"，全力开展救难工作，使恐怖袭击造成的伤害降到最低，有效地发挥了该部门的综合协调作用。

第二节 国外铁路应急管理概况及典型案例分析

（一）国外铁路应急管理概况

建设智能铁路是当今世界铁路科技发展的趋势，云计算、物联网、大数据、移动互联网等现代信息技术以及人工智能技术将加速与铁路产业融合，世界各国均在积极探索以智能铁路为代表的未来铁路交通技术，积极打造智能车站、智能列车、智能线路，实现铁路安全、智慧、高效、绿色协同发展，全面提升工程建设、安全生产、运营管理、客运服务的现代化水平。

1. 日本开展基于列车激光雷达检测障碍物的方法研究

基于摄像头和雷达传感器的高级驾驶辅助系统（ADAS），已广泛应用于汽车领域。对铁路而言，轮轨之间的摩擦系数较小，制动距离约为相同行驶速度汽车的 3 倍，适用于汽车的 ADAS 难以直接应用于铁路，需要研发可检测到更远距离物体的传感器和算法。日本研究人员借助深度学习技术，研究了一种基于激光雷达融合的检测方法。该方法采用了基于深度学习的物体检测算法，实现预测图像中的物体相似性及物体类型，同时输出被检测物体位置、大小、存在概率及分类。

2. 德国开发货运车辆"数字孪生"技术，加强货车养护维修

德国轨旁检测设备公司 RailWatch 和货运运营商 Metrans Rail 共同启动了货运车辆"数字孪生"项目，为列车的养护维修提供支持。该系统主要由 RailWatch 公司开发，主要器件包括摄像

第六章　国外交通运输应急管理概况及典型案例分析 ◀◀◀

头、照明灯光、激光传感器、热传感器和声学传感器，能够记录车轮轮廓、车轮踏面、疲劳生热、车辆底部和侧部以及荷载作用下的轨距等数据。每当列车经过时，系统将收集列车的大量照片和传感器数据，通过人工智能软件进行分析，为每辆经过的货车创建一个"数字孪生"。该项目得到了德国联邦交通及数字基础设施部的资金支持，旨在实现对货车状态信息的自动检测、分析和数字化，取代由人工进行的检测作业。

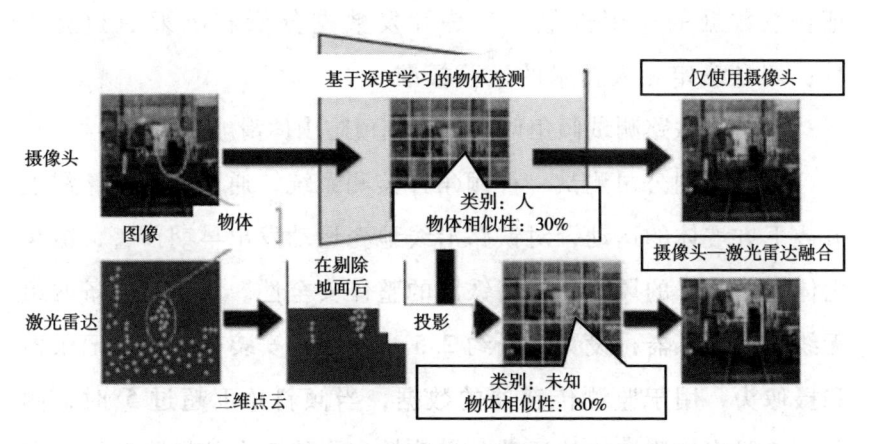

图 6-1　日本基于激光雷达融合的检测方法

3. 欧盟利用卫星和无人机进行铁路基础设施管理

欧洲铁路联合技术创新计划 Shift2Rail 提出了 MOMIT 项目——"铁路基础设施多角度检测和监测"，旨在开发创新产品和解决方案，优化铁路基础设施维修流程。MOMIT 项目利用对地观测卫星和无人机搭载传感器等技术，采集铁路基础设施状态信息，然后从数据分析入手，通过开发先进的后处理链、数据融合、自动化技术来检测实际资产的状况，从而为状态维修和智能资产管理提供支持。现有的基础设施监测通常需要人工操作，具有程序烦琐、可靠性低、耗时且费用高昂等缺点，MOMIT项目创新技术实现了基础设施检测监测的自动化和标准化，提高了作业安全性和准确性，并节省了时间和成本。除单一技术创新外，MOMIT项目开发了一体化的自动化监测系统，该系统可根据用户需求进行调整。MOMIT项目旨在达到4个目标：一是利用无人机和卫星对铁路基础设施进行监测；二是验证获取数据的应用价值；三是开发数据分析和决策的独立工具；四是确定无人技术的运营标准。

4. 英国铁路测试倾角计监测系统预防山体滑坡

英国路网公司测试一种倾角计监测系统，通过检测铁路线上方或下方坡体的运动，对铁路沿线地壳运动发出早期预警，减少山体滑坡带来的风险，提高铁路的整体安全性。该系统配备两组无线倾角传感器，设置间隔约2.5米，中间安装有电极、记录器和摄像头，用于监测传感器的数据，当倾斜角度超过5°时，倾角传感器将检测坡体的运动，迅速标记可能存在的风险区域，在2分钟内通过移动网络发送警报，提醒列车调度员存在的潜在危险，并使列车在抵达该区域前减速停车。该系统由太阳电池板供电，备有备用电池用于恢复电力。预计到2024年4月，英国路网公司将在苏格兰铁路的100个位置安装倾角计监测系统。

5. 美国开展"震动和制动"地震安全系统测试

该系统根据地震的严重程度向受影响区域的运行列车发送控制信息，根据需要通过美国铁路的主动列车控制（PTC）系统自动控制列车制动停车或减速运行。这一技术亦会提供完善的数据,以支持基础设施检查和震后恢复工作,该项技术正在部分线路进行试点。洛杉矶通勤运营商当前的预警设备采用的是美国地质调查局的 ShakeAlert 系统,该系统在地震发生时会自动发送消息,通知列车司机减速或停车,但不会自动控制列车制动。

(二)国外铁路典型案例分析

1. 巴基斯坦发生客运列车冲突事故,造成65人死亡

当地时间 2021 年 6 月 7 日凌晨,巴基斯坦东南部达哈尔基市附近的白沙瓦—卡拉奇铁路,一列从卡拉奇开往萨戈达载有 700 多人的米拉特特快列车(The Millat Express)运行至莱蒂站附近发生脱轨,多节车厢倾覆侵入邻线限界,并与邻线驶来载有 500 多人的赛义德爵士特快列车(the Sir Syed Express)相撞。事故造成 65 人死亡、98 人受伤,两列列车共 14 节车厢脱轨,其中至少 8 节车厢受损严重。事故发生后,巴基斯坦总理要求铁道部长赶赴现场,派出救援队,调配重型救援设备,开展救援和抢救伤员,确保伤者得到医疗救助,为死者家属提供支持,并进行全面调查以找出铁路系统中的安全隐患。6 月 8 日上午搜救工作结束。

根据事故调查组的初步报告,事故的可能原因是钢轨某处焊接点发生损坏,导致列车脱轨。白沙瓦—卡拉奇铁路是巴基斯坦唯一南北大铁路,因年久老旧,铁路事故频发。据当地媒体披露,曾有铁路职工写了一份调研报告,报告过南部铁路有几处路段存在隐患,需要进行重点排查和检修,但没有引起重视,6 月 7 日的事故路段就在其中。

2.日本福岛县附近海域地震导致新干线列车脱轨

当地时间 2022 年 3 月 16 日 23 时 34 分和 23 时 36 分，福岛县附近海域相继发生 6.1 级和 7.4 级地震，造成东北新干线 223B 次列车 16 辆车脱轨，未造成人员伤亡。该列车为 17 辆编组，由一列 10 辆编组的 H5 系动车组和一列 7 辆编组的 E6 系动车组重联而成，16 辆车的 60 个轮轴发生脱轨，其中 50 个轮轴的 L 型防越出导向件挂在钢轨上，防止了车轮从线路越出。

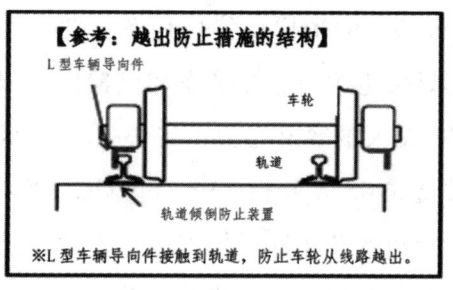

图 6-2 日本福岛县附近海域地震导致新干线列车脱轨

JR 东日本公司表示，东北新干线因地震发生列车脱轨的受灾路段（那须盐原至盛冈），近千处铁路基础设施受到破坏。该公司在对约 350 公里的受灾路段设施调查发现，有 79 根接触网支柱、60 多处高架桥等设施在地震中受损，另有大约 300 处钢轨发生扭曲。脱轨地点位于白石藏王站向南 2 公里处，该车站位于福岛至仙台路段之间，这段线路的受损程度尤为严重。

目前，日本已基本完成对新干线高架桥的剪切破坏耐震加强施工，JR 东日本、JR 西日本等公司正在推进弯曲破坏耐震加强施工。预警方面，各铁路运输企业通过增设地震仪、增强地震检测系统功能、引进气象厅紧急地震快报等方式加强对地震的监测预警，并于 2017 年起逐步利用防灾科学技术研究所设置的海底地震仪数据，缩短地震监测预警时间。此外，各铁路运输企业在其列车和线路上均设置了防止车辆脱轨后越出线路的止动器装置。

3. 伊朗客运列车脱轨，造成 21 人死亡、86 人受伤

当地时间 2022 年 6 月 8 日 5 时 30 分左右，一列从马什哈德到亚兹德的客运列车运行至塔巴斯至亚兹德路段与一台挖掘机相撞发生脱轨，造成 21 人死亡、86 人受伤、6 节车厢受损。当时列车上载有约 350 人。事故发生后，伊朗总统莱希与该省官员通话，强调要尽快开展营救工作并妥善处理伤者。

第三节 国外海上溢油应急管理概况

（一）美国溢油应急管理现状

1. 总体情况

美国的海上溢油应急工作由美国海岸警卫队（United States Coast Guard，简称 USCG）负责，美国海岸警卫队创建于 1790 年，是联邦政府海上安全主管机关和海上搜救与溢油应急的主要力量，1967 年转由运输部管辖，2013 年从运输部转入新成立的国土安全部。

由海岸警卫队设立的国家响应中心（National Response Center，NRC），用于报告美国及其领土内任何地方向环境中排放的所有石油、化学、放射、生物和病毒物质的排放事件。在跨部门合作方面，为了应对溢油污染事件，由美国环境保护署（EPA）和 USCG 组成了跨部门的国家响应小组（National Response Team，NRT），相关成员包括联邦紧急事务管理局、美国国防部、能源部、农业部、商务部、卫生与公共服务部、内政部、司法部、劳工部、运输部、核管理委员会、国务院以及美国海军等，主要负责国家层面的应急响应。对于地方级别的响应及日常管理，则由地方或区域响应小组（Regional Response Teams，RRT）负责。

美国共设立了4个级别的应急响应预案，分别为联邦级、州级、地方级以及具体设施的应急预案。如果发生油类或有害物质泄漏事故，应立即采取措施，并根据泄漏程度的不同，采取州或者地方级别的预案，对于比较严重的泄漏事故，需要联邦采取行动时，则启动联邦应急响应。

2. 美国国家应急计划概述

美国《国家石油和有害物质污染应急计划》（The National Oil and Hazardous Substances Pollutions Contingency Plan）又称《国家应急计划》（The National Contingency Plan，NCP），是美国联邦政府应对溢油和有害物质排放发布的计划蓝图。NCP 的最新修订版本于 1994 年完成，该版本是在满足 1972 年美国《清洁水法》（Clean Water Act of 1972）相关要求的基础上，为响应 1990 年美国《石油污染法》（Oil Pollution Act of 1990）中有关溢油规定作出的修改。

第六章 国外交通运输应急管理概况及典型案例分析 <<<

现行的 NCP 共分为 12 部分，旨在为石油以及有害物质泄漏事故提供事前规划和事后应急救援的机构框架及程序。NCP 适用于任何在美国管辖区域内发生的石油以及有害物质、污染物的排放或泄漏事故。NCP 对 3 类基本行动给予了内容明确：①石油以及有害物质泄漏事故的紧急状态规划；②通报以及信息交流；③泄漏事故现场的应急响应行动。

此外，NCP 还设立了现场协调员（On Scene Coordinates, OSC）。现场协调员由联邦机构依据国家应急计划事先任命。对于油类物质泄漏事故，根据其是在陆地上还是在海滨或在海洋中发生泄漏的不同情况，分别由环保署或者海岸警卫队委任。对于有害物质泄漏紧急事件，根据泄漏源以及泄漏地点的不同，委任现场协调员的机构可能是联邦环保署、海巡署、能源部或者国防部。现场协调员负责的具体工作内容包括：评估溢油或有害物质泄漏的数量和性质、潜在危害，控制和清理所需的资源以及责任方或地方响应团队处理事件的能力；通过视频或现场监督控制和清理溢油或泄漏有害物质采取的措施是否合理有效。一旦发生溢油或者泄漏事件，现场协调员将确定是否需要联邦援助应急响应行动，同时获得相关的资源。现场协调员还要提交响应行动报告、阐述响应行动过程，同时评估响应行动是否适当，并提供相关建议以便改进相关应急计划。

美国国家应急计划的应急响应流程包括：①发生溢油或者泄漏时，法律要求溢油/泄漏的负责组织或者涉事方通知国家响应中心；②在记录溢油/泄漏具体信息后，国家响应中心会立即通知现场协调员；③现场协调员对事故进行初步响应，同时通知自然资源托管者，并评估事故的危害程度、判定泄漏责任方是否适当地采取了清除行动，以及确定联邦、州、地方政府响应机构/组织对于本次事件的应急处置能力，是否需要联邦进行支援等；④现场协调员监督整个应急响应的过程，以确定是否需要联邦层面的干预，以及还需要调动多少力量参与响应行动（见图6-3）。

（二）英国溢油应急管理现状

1. 总体情况

英国海上溢油应急的组织协调机构设在运输部，由其所属的海事和海岸警卫署（MCA）专门负责海上搜救、防治污染和抢险打捞等工作，负责具体的溢油应急处置行动。

海上污染控制中心（MPCU）是英国海事和海岸警卫署的下设机构。海上污染控制中心具有航空遥感监视设备、评估溢油量和溢油飘移扩散情况的软件系统、空中或船上溢油分散剂喷洒装置、海上或岸上溢油回收设备等。英国海上污染控制中心主要承担大规模溢油事故中的海上应急反应和岸线清除的协调工作，并在协调岸线油污清除工作方面对各地政府相关部门进行技术指导。

英国的污染应急体系由地方、区域和国家三个层级的计划构成，分别应对一级、二级、三级污染事故。一级响应为因作业造成的小量泄漏，只需要动用当地资源即可清除；二级响应为需要区域资源援助的中型泄漏；通常，一、二级响应启动的是地方级计划，其制定者为地方/港口/码头/设施所在企业等。大规模的溢油事件则会直接启动三级应急响应，即国家级别的溢油应急响应，相应级别的资源、机构则会参与其中。

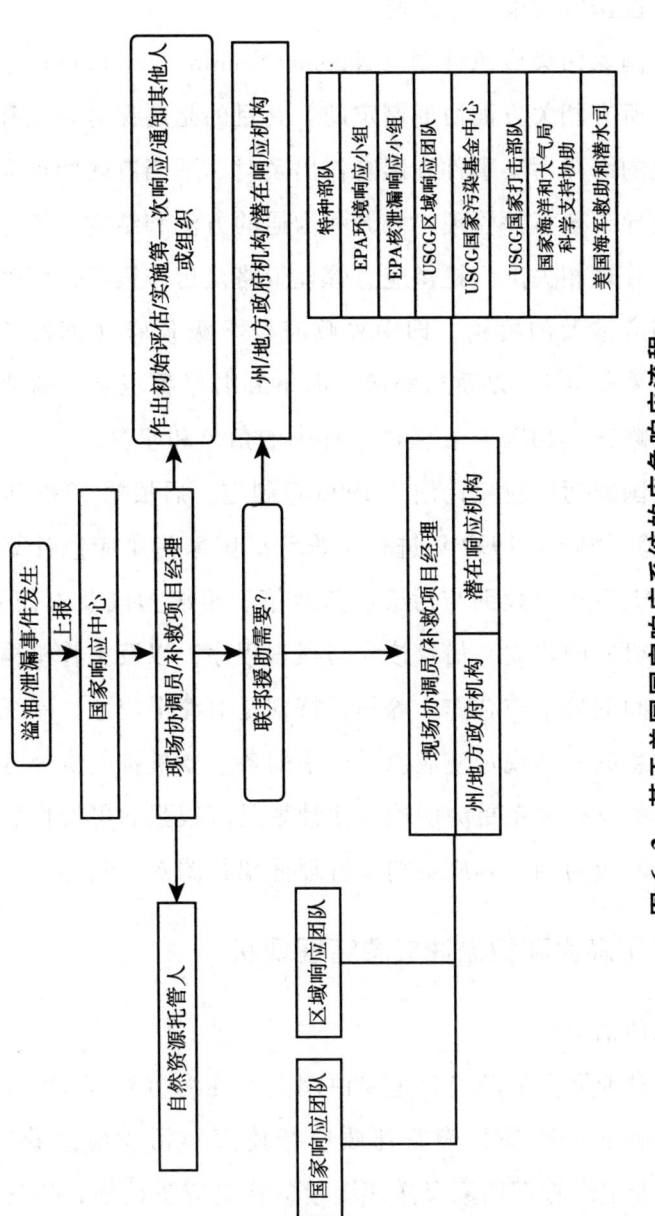

第六章　国外交通运输应急管理概况及典型案例分析

图6-3　基于美国国家响应系统的应急响应流程

2. 英国国家污染应急计划

英国国家污染应急计划（National Contingency Plan）是由英国政府与所有相关方面协商制定的。其目的是确保对船舶和近海设施造成的海洋污染事件和影响作出及时、适当有效的反应，旨在提供指导一般事件管理、协调和沟通的方法和结构。该计划为溢油应急管理相关部门提供应急管理策略及运作概览，明确了溢油应急响应涉及的机构，即中央政府及下级政府（苏格兰、威尔士、北爱尔兰），以及运输部、海事和海岸警卫署、商业能源和产业战略部（BEIS）在溢油事件中的角色和职责。

英国国家污染应急计划于1996年制定，后根据1998年《商务运输法》规定于1999年进行了修订。国家污染应急计划规定了涉及海上事故的救助与污染应急政策、组织构成及责任分工，国家应急机构的建立、信息接收与报告程序，以及主管机构与配合机构之间的分工与合作，等等，特别是对海上应急、岸线应急和港口应急的具体规定使应急反应中的各主要机构的责任分工和相互之间的支持关系更为明确，使计划具有很强的可操作性，以船舶应急响应为例，其应急响应管理框架如图6-4所示。

（三）澳大利亚溢油应急管理现状

1. 总体情况

澳大利亚海上溢油应急主要由澳大利亚海事局（AMSA）负责，澳大利亚海事局代表联邦政府行使海洋污染应急管辖权。AMSA负责组织管理国家海洋环境紧急状况应急计划，负责距领海基线3海里以外海域船舶污染事故的应急；3海里以内海域由

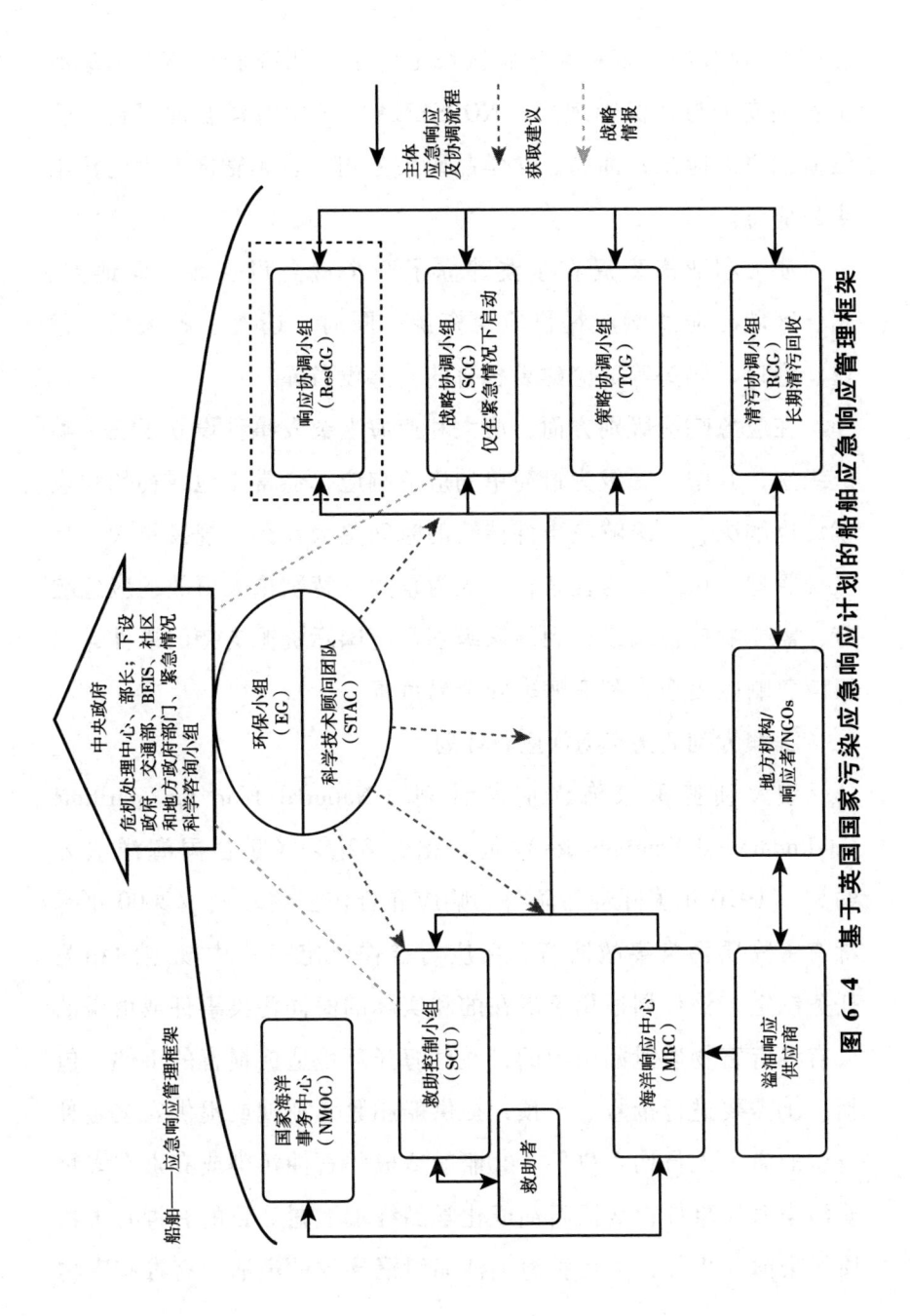

第六章 国外交通运输应急管理概况及典型案例分析

图 6-4 基于英国国家污染应急响应计划的船舶应急响应管理框架

各州/领地政府负责；大堡礁区域由昆士兰州政府负责；国家海上石油安全与环保管理局（NOPSEMA）负责海洋石油平台、管线溢油事故应急；油品、化学品码头公司负责本辖区发生的污染事故应急。

澳大利亚海事局在全澳建立了9个应急设备库，向地方、州、区域的应急响应提供应急资源；同时，还要求各大区、行业、港口、码头等都应建设各自的应急设备库。

在应急响应级别方面，澳大利亚海上突发事件设立了三个响应级别，其中，一级为最简单的应急响应，通常本地或初始响应就可以解决；二级响应事件持续的时间更为长久、规模更大，且资源管理和风险更为复杂；三级为重大、特别重大事故的应急响应，需要响应协调或得到国家级别乃至国际资源支持的事件，三级应急响应由澳大利亚海事安全局负责。

2. 澳大利亚国家海洋应急计划

澳大利亚国家海洋应急计划（National Plan for Maritime Environmental Emergencies）是根据1982年《联合国海洋法公约》、《1990年国际油污防备、响应和合作公约》及《2000年有毒有害物质污染事故防备、反应与合作议定书》中规定的相关任务制定。该计划适用于潜在的和实际的海洋污染事件或由溢油或有毒有害物质泄漏引起的，并对海洋环境造成损害的事件，包括：①需要进行抢救、干预，提供船舶紧急拖拽或提供安全避难场所的海上人员伤亡事件；②船舶造成的石油污染或有毒有害物质污染海洋事件；③因石油或化学品终端泄漏导致的有毒有害物质污染海洋事件；④各种海上油品泄漏导致的溢油、有毒有害物质污染海洋事件；⑤未知来源的海洋污染事件；⑥因漂浮式危险材料容器下沉对海洋造成的污染；⑦因碰撞、自沉等导致的船舶损坏事件等。

澳大利亚国家海洋应急计划由 AMSA 负责管理。在澳大利亚国家海洋应急计划中，AMSA 负责修订、更新国家计划，以保证其相关内容符合英联邦应急计划相关要求；管理国家响应小组，包括制订培训和发展计划；提供国家级应急处置设备及资源；制定消油剂和其他有关化学品的通用标准。同时，在必要时进行国际合作以便共同应对海上突发事件。

澳大利亚国家海洋应急计划明确了海洋污染预防的主要目标、船东责任，并设立了海上应急指挥官（The Maritime Emergency Response Commader，MERCOM）负责干预及管理紧急问题，以应对在实际情况下发生的海上人员伤亡事件中潜在的重大污染风险；MERCOM 在紧急情况下拥有一切海上应急活动的绝对处置权。此外，计划中还明确了政府在应急计划中的职责以及应提供的帮助。

第七章
专家观点

第一节　推进交通运输应急管理体系和能力现代化路径分析[*]

交通运输应急管理体系是国家应急管理体系的重要组成部分。近年来，各级交通运输主管部门认真贯彻落实党中央、国务院关于加强应急管理工作的决策部署，以"一案三制"建设为核心，不断完善交通运输应急管理体系，在应对重大自然灾害、重特大交通运输突发事件、突发公共卫生事件、社会公共安全事件以及海外人员保护等各种重特大突发事件中取得了显著成效。

2019年11月29日，习近平总书记在中共中央政治局第十九次集体学习时指出，要发挥我国应急管理体系的特色和优势，借鉴国外应急管理有益做法，积极推进我国应急管理体系和能力现代化。为贯彻落实党中央、国务院决策部署，加快建设交通强国，推动《国家综合立体交通网规划纲要》实施，推进交通运输应急管理体系和能力现代化，亟须开展推进交通运输应急管理体系和能力现代化路径研究，结合交通运输应急管理工

---

[*] 交通运输部科学研究院交通运输安全研究中心陈轩、潘凤明、王儒骏、翁大涛。

作实际，提出推进交通运输应急管理体系和能力现代化的对策建议。

（一）国家对交通运输应急管理工作的要求

2019年11月29日，中共中央政治局就我国应急管理体系和能力建设进行第十九次集体学习。中共中央总书记习近平在主持学习时强调，应急管理是国家治理体系和治理能力的重要组成部分，承担防范化解重大安全风险、及时应对处置各类灾害事故的重要职责，担负保护人民群众生命财产安全和维护社会稳定的重要使命。要发挥我国应急管理体系的特色和优势，借鉴国外应急管理有益做法，积极推进我国应急管理体系和能力现代化。此外，习近平总书记还对落实各级党委和政府责任、健全风险防范化解机制、加强风险评估和监测预警、加强应急预案管理、提高应急管理的法治化规范化水平、加强应急救援队伍建设、强化应急管理装备技术支撑等提出了要求。

此外，《交通强国建设纲要》要求，要建立健全综合交通应急管理体制机制、法规制度和预案体系，加强应急救援专业装备、设施、队伍建设，积极参与国际应急救援合作。强化应急救援社会协同能力，完善征用补偿机制。《国家综合立体交通网规划纲要》要求，完善交通运输应急保障体系。建立健全多部门联动、多方式协同、多主体参与的综合交通应急运输管理协调机制，完善科学协调的综合交通应急运输保障预案体系。构建应急运输大数据中心，推动信息互联共享。构建快速通达、衔接有力、功能适配、安全可靠的综合交通应急运输网络。提升应急运输装备现代化、专业化和智能化水平，推动应急运输标准化、模块化和高效化。统筹陆域、水域和航空应急救援能力建设，建设多层级的综合运输应急装备物资和运力储备体系。科学规划布局应急救援基地、消防救援站等，加强重要通道应急装备、应急通信、物资储运、防灾防疫、污染应急处置等配套设施建设，提高设施快速修复能力和应对突发事件能力。建立健全行业系统安全风险和重点安全风险监测防控体系，强化危险货物运输全过程、全网络监测预警。

（二）应急管理体系和能力的含义分析

1. 应急管理体系的含义和构成

目前，我国理论界和实务部门尚未对"应急管理体系"进行科学权威的界定，官方的不同文件以及中央领导在不同场合对"应急管理体系"的相关表述也不尽相同。在十九届中央政治局第十九次集体学习后，对"应急管理体系和能力"的表述基本统一为"健全/完善应急管理体系，提升应急管理能力"。

国内对突发公共事件应急管理体系已开展了大量研究，其构成大致包含两种情况。一是狭义的应急管理体系，主要是"一案三制"；二是广义的应急管理体系，除了以"一案三制"为核心外，还有人员队伍、技术装备、信息化平台、保障体系等。

2. 应急管理体系和能力的关系分析

薛澜在《应急管理十二讲》的序文中提出，应急管理体系和应急管理能力，是一个国家应急管理的两个核心要素，是相互支持、相互作用、相辅相成的。应急管理体系是一个国家应对突发事件的理念及相应的体制机制安排，应急管理能力是国家拥有的应急管理资源及对其进行合理配置和有效使用的能力。应急管理体系在多大程度上对突发事件应对工作发挥作用，最终要靠应急管理能力来体现。

对于交通运输应急管理体系和能力建设，就是以"一案三制"为核心，完善交通运输应急管理体系；以人员队伍、技术装备、信息化平台、保障体系等方面建设为抓手，提升交通运输应急管理能力。搭建交通运输应急管理的"四梁八柱"，围绕交通运输系统的主责主业，切实提升风险防控、监测预警、指挥决策、抢通保通、应急救援、运输保障等各方面能力。

（三）"现代化"的要求

习近平总书记指出，"要强化应急管理装备技术支撑，优化整合各类科技资源，推进应急管理科技自主创新，依靠科技提高应急管理的科学化、专业化、智能化、精细化水平"。中南财经政法大学应急法研究所戚建刚教授发表在新华社客户端的《怎样推进应急管理体系和能力现代化？》中对应急管理科学化、专业化、智能化和精细化进行了分析。

应急管理科学化是指，以"一案三制"——应急预案、应急管理体制、应急管理机制和应急管理法制——为基本框架的应急管理体系能够充分适应现代突发公共事件的特有属性，能够以理性化方式来应对突发公共事件。

应急管理专业化是指，应急管理的组织机构、人员设备、管理技术、管理文化等软件和硬件符合应对突发公共事件的规范标准。

应急管理智能化是指，应急管理过程与大数据、物联网、人工智能、区块链、云计算、"互联网+"、远程遥控技术等现代具有智慧特征的新技术结合，将技防与人防、物防相结合，实现应急管理"智慧化"。

应急管理精细化是指，一种应急管理目标、标准、任务和流程细分，实施精确应急管理计划、精确应急管理决策、精确应急管理控制和精确奖惩考核的应急管理模式，以更精、更准、更细和更严的标准来应对突发公共事件，避免冗杂化、分散化、碎片化和粗放化的弊端。

（四）推进交通运输应急管理体系和能力现代化的对策建议

1. 转变观念，提高认识

一是要充分发挥各级党委（党组）的领导作用。习近平总书记强调，各级党委和政府要切实担负起"促一方发展、保一方平安"的政治责任，严格落实责任制。《安全生产法》要求"安全生产工作坚持中国共产党的领导"。因此，要坚持和加强党对交通运输应急管理工作的领导，切实发挥各级党委（党组）的领导作用，坚持党的建设与交通运输应急管理体制改革同步开展。

二是要坚持系统观念，防范化解交通运输重大风险。习近平总书记指出，"要健全风险防范化解机制，坚持从源头上防范化解重大安全风险，真正把问题解决在萌芽之时、成灾之前。要加强风险评估和监测预警，加强对危化品、矿山、道路交通、消防等重点行业领域的安全风险排查，提升多灾种和灾害链综合监测、风险早期识别和预报预警能力"。要积极贯彻"两坚持""三转变"的应急管理理念，坚持以防为主、防抗救相结合，将指导防范化解交通运输安全生产重大风险纳入交通运输应急管理体系建设内容，开展交通运输应急管理体系和能力现代化顶层设计。提升交通运输网络系统韧性，增强交通运输基础设施防灾减灾能力，保障交通运输应急工作可持续性。强化风险监测预警，充分利用物联网、工业互联网、遥感、视频识别、5G等技术提升灾害事故监测感知能力，强化危险货物运输全过程、全网络监测预警。完善综合风险预警制度，增强风险早期识别能力，提高行业安全风险预警服务水平。

2.完善交通运输应急管理体系

一是完善交通运输应急管理体制机制。习近平总书记强调，要发挥好应急管理部门的综合优势和各相关部门的专业优势，根据职责分工承担各自责任，衔接好"防"和"救"的责任链条，确保责任链条无缝对接，形成整体合力。所以，要明确交通运输各部门的应急管理任务边界，按照科学合理、权责一致、协同高效的原则，推进交通运输应急管理机构建设，充分发挥各级交通运输应急工作议事协调机构在日常应急管理和突发事件应急处置中的作用，研究推进各级应急指挥中心体制机制建设。同时，按照《交通强国建设纲要》和《国家综合立体交通网规划纲要》要求，建立健全多部门联动、多方式协同、多主体参与的综合交通应急运输管理协调机制。发挥好应急管理部门的综合优势和各

第七章　专家观点

业务部门的专业优势。建立健全区域联动机制。

二是切实加强应急预案管理，建立科学协调的交通运输应急预案体系。习近平总书记指出，"要加强应急预案管理，健全应急预案体系，落实各环节责任和措施"。要完善交通运输应急预案体系顶层设计，加强应急预案的统一规划、衔接协调和分类管理，完善应急预案评估和动态修订机制。强化预案可操作性和动态更新管理，注重编制完善预案配套操作手册。加强预案编制与应急演练、应急处置工作的紧密衔接，强化应急演练和处置评估工作，充分发挥应急演练在检验应急预案、提升应急管理能力方面的重要作用。有针对性地研究编制"巨灾"应对预案，提升"巨灾"情景下科学应急处置能力。

三是加快健全应急管理法治体系。习近平总书记指出，"要坚持依法管理，运用法治思维和法治方式提高应急管理的法治化、规范化水平，系统梳理和修订应急管理相关法律法规，抓紧研究制定应急管理、自然灾害防治、应急救援组织、国家消防救援人员、危险化学品安全等方面的法律法规，加强安全生产监管执法工作"。要坚持运用法治思维和法治方式提高交通运输应急管理的法治化水平。做好行业相关法律法规的贯彻执行，聚焦交通运输风险综合防控机制，研究完善地方性法规、规章和规范性文件的制定/修订工作，进一步推进地方交通运输应急管理立法工作。建立健全应急运输"绿色通道"、应急补偿、沉船打捞基金等制度。提升应急管理工作规范化水平，完善交通运输应急值守、信息报送、应急处置、预案管理、应急演练和处置评估等工作标准、规范和指南，并实行数字化应用和动态化管理。

3. 提升交通运输应急管理能力

一是强化应急人员队伍建设。习近平总书记强调，要加强应急救援队伍建设，建设一支专常兼备、反应灵敏、作风过硬、本领高强的应急救援队伍。要加强航空应急救援能力建设，完善应急救援空域保障机制，发挥高铁优势构建力量快速输送系统。要加强队伍指挥机制建设，大力培养应急管理人才，加强应急管理学科建设。要建立完善以交通运输专业队伍为主体、以行业企业应急队伍为依托、以社会志愿者力量为重要补充、专家队伍辅助决策的行业应急救援队伍体系。稳步提高基层应急救援队伍的专业化水平、快速机动化性能和可持续发展能力。优化专家队伍结构，建立跨部门、多专业的咨询专家库，完善应急专家咨询会商机制。加大对志愿者在业务技能和职业素养等方面的专业培训力度，提高志愿者应急响应业务技能和职业素养。

二是聚焦主责主业，加强应急物资和装备建设，提升抢通保通和应急救援能力。习近平总书记指出，"要强化应急管理装备技术支撑，优化整合各类科技资源，推进应急管理科技自主创新，依靠科技提高应急管理的科学化、专业化、智能化、精细化水平。要加大先进适用装备的配备力度，加强关键技术研发，提高突发事件响应和处置能力"。要构建统一的交通运输应急物资保障体系，建立中央和地方、政府和社会、实物和产能相结合的应急物资储备模式。继续推进国家级区域性公路交通应急装备物资储备中心升级建设，完善部、省、市三级公路交通应急装备物资储备体系。强化深远海应急救援能力建设，提升深远海海域应急救援响应速度和投送能力，推进无人机、无人船、水下机器人等先进智能救捞装备的配置应用。加强沿海和内河应急救援能力，优化救助力量布局，加强内陆湖泊、水库等水域救援和深水救捞装备建设，实现深潜装备轻型化远程投送。

三是提升综合交通运输保障能力。习近平总书记指出，"要健全统一的应急物资保障体系，把应急物资保障作为国家应急管理体系建设的重要内容，按照集中管理、统一调拨、平时服务、灾时应急、采储结合、节约高效的原则，尽快健全相关工作机制和应急预案"。要构建快速通达、衔接有力、功能适配、安全可靠的综合交通应急运输网络，推动应急运输标准化、模块化和高效化，提高应急物资转运效率。统筹陆域、水域和航空应急救援能力建设，建设多层级的综合运输应急装备物资和运力储备体系，统筹建立涵盖铁路、公路、水运、民航、邮政快递等各种运输服务方式的国家应急运输储备力量。

四是加强交通运输应急信息化和智能化建设。习近平总书记指出，"要适应科技信息化发展大势，以信息化推进应急管理现代化，提高监测预警能力、监管执法能力、辅助指挥决策能力、救援实战能力和社会动员能力"。要加快推进综合交通运输应急指挥调度系统建设，加强基于现代通信技术的现场态势感知设备应用，提升交通运输突发事件监测预警评估研判、指挥决策服务保障能力。建立符合大数据发展的应急数据治理体系和管理平台。推进与应急管理、自然资源、公安、地震等部门以及铁路、民航、邮政等部管国家局之间的数据共享。

4.形成全社会参与的交通运输应急管理氛围

一是提升生产经营单位应急处置能力。《安全生产法》对生产经营单位的应急预案编制和实施、从业人员的应急处理能力等做出了明确要求。要推动交通运输行业重点领域规模以上企业组建安全生产和应急管理技术团队，提高企业履行主体责任的专业能力。督促交通运输生产经营单位切实加强职工应急知识技能培训，增强自救互救和第一时间突发事件处置能力。

二是坚持群众路线，构建全民参与的交通运输应急管理工作格局。习近平总书记指出，"要坚持群众观点和群众路线，坚持社会共治，完善公民安全教育体系，推动安全宣传进企业、进农村、进社区、进学校、进家庭，加强公益宣传，普及安全知识，培育安全文化，开展常态化应急疏散演练，支持引导社区居民开展风险隐患排查和治理，积极推进安全风险网格化管理，筑牢防灾减灾救灾的人民防线"。要加强宣传教育、做好信息发布和舆论引导工作。组织开展形式多样、生动活泼的宣传教育活动，提升全社会交通运输安全应急意识；坚持及时主动、正面引导，通过电视、广播、政府网站、新媒体等多种形式，做好交通运输突发事件信息发布、舆论监测引导工作，为积极稳妥有序地开展处置工作营造良好的舆论环境。

三是加强文化品牌建设，培树交通运输应急先进典型。习近平总书记指出，"应急管理具有高负荷、高压力、高风险的特点，应急救援队伍奉献很多、牺牲很大，各方面要关心支持这支队伍，提升职业荣誉感和吸引力"。要加大交通运输应急先进人物、感人事迹宣传力度，提升从业人员社会认同感、职业荣誉感，营造全社会广泛关注和支持交通运输应急工作的良好氛围。

四是开展国际交流与合作。《交通强国建设纲要》要求"积极参与国际应急救援合作"。要加强与有关国家、地区及国际组织在交通运输应急管理领域的沟通与合作。加强跨国（境）救援队伍能力建设，完善灾害事故跨国（境）救援机制。积极参与国际重大灾害应急救援、紧急人道主义援助。

第二节　基于 Euroferry Olympia 轮等客滚船火灾事故的思考与建议[*]

近年来，国内外客滚船事故时有发生，2019年全球范围内发生了7起客滚船海上事故，其中6起是船舶火灾事故。我国渤海湾自1999年"大舜"轮海难事故以来，客滚船火灾事故共发生11起，2021年的"中华富强"轮火灾事故引起了社会高度重视。2022年2月16日和18日，连续发生巴拿马 Felicity Ace 轮、意大利 Euroferry Olympia 轮火灾事故，再次将业内人士视线聚焦于客滚船火灾事故。如何加强源头管理，防止客滚船事故再次发生，系统检视客滚船火灾应急体系，值得我们深思。

（一）典型客滚船火灾事故概况

1. 意大利 Euroferry Olympia 轮火灾事故

2022年2月18日，意大利 Grimaldi 集团所属 Euroferry Olympia 轮于凌晨01时50分驶离希腊西海岸的伊古迈尼察港前

---

[*] 交通运输部科学研究院交通运输安全研究中心王轩雅、刘广强、耿红、陈轩、张夕然。

往意大利布林迪西，04时12分许，船舶行驶到希腊科孚岛以北约10公里海域时，第三甲板出现明火。船员采取灭火行动失败后，船长于04时35分许命令弃船。2月23日大火第一次被扑灭，28日因开舱操作大火复燃，于3月1日第二次被扑灭，暂时封舱；3月10日再次开舱开展搜寻工作时，火势又一次复燃；截至3月13日，船舱内依旧有明火存在。该起火灾事故中共有278人获救，至少9人死亡、2人失踪，货舱内153辆卡车、32辆客车全部烧毁。

希腊海事事故调查局与意大利DIGIFEMA组成联合事故调查组开展调查，目前尚未明确火灾真正原因。根据调查组公开信息，Euroferry Olympia轮存在的安全隐患包括如下几个。

①船舶未实施客货分离。该轮船况较差，客舱容量不足，部分卡车司机选择留守货舱卡车驾驶室中，而船舶巡视员未有效劝阻。②船员擅自关闭船舶火灾报警器。Euroferry Olympia轮在16日海事PSC检查时火灾警报装置正常，但为避免逗留货舱的司机抽烟引发误报警，船员关闭货舱火灾警报装置，这是未能及时发现火情的重要原因。③货舱车辆配载不合理。Euroferry Olympia轮卡车装载不符合船舶航行安全规则，货舱中车辆的间距窄到正常成年人难以通过，导致事故发生后部分人员无法及时撤离。④船舶消防手册不健全。16日海事PSC检查该轮船舶消防安全手册不完整，但船舶未及时整改，反映出企业在日常管理中忽视火灾事故应急处置。

2. 巴拿马滚装船Felicity Ace轮火灾事故

2022年2月16日，悬挂巴拿马旗的Felicity Ace轮在德国驶往美国的途中，于大西洋葡萄牙海域发生火灾，船上22名船员成功撤离，载运的3965辆保时捷和大众汽车全被烧毁，直接经济损失约4.38亿美元。24日，大火在燃烧9天后被扑灭。3月1日，Felicity Ace轮在船舶拖带过程中发生右舷倾斜并最终沉没，导致周边海域被污染，目前已开展船舶溢油监视及清污处置工作。

虽然尚未确定起火原因与电动车有关，但Felicity Ace轮载运的电动车锂电池燃烧导致火势迅速蔓延，无法单靠水柱熄灭，给救援工作设置了新难题。该起事故也引发业内对电动车长途海运安全性的担忧。

3. 威海"中华富强"轮火灾事故

2021年4月19日约22时06分，威海海大客运所属"中华富强"轮在由威海港驶往大连港途中，第三甲板汽车舱一辆货车载运的硅泥发生自燃，船员第一时间对三甲舱实施封舱并释放二氧化碳。40分钟后该轮返航，并于次日00时03分靠妥威海港。船上677名旅客、83名船员和2名乘警共计762人安全撤离。20日约11时42分，在应急救援过程中，"中华富强"轮发生爆燃，事故造成三甲舱以上船体过火，部分载运车辆及车载货物受损，直接经济损失约9233.25万元，构成重大等级水上交通事故。

根据调查报告，"中华富强"轮三甲板汽车舱拉载的"辽F6707挂"所载硅泥因颠簸发生反应，散热不良导致热量积聚，硅泥内部持续升温而发生自燃，是导致"中华富强"轮火灾事故发生的直接原因。船舶在封舱、释放二氧化碳后，火情得到有效控制，船舶安全返港。应急处置过程中使用海水进行灭火和降温，高温硅泥与海水反应产生氢气，致使舱内氢气及其他可燃气体积聚。现场救援人员在未进行充分探火、未测量可燃气体浓度的情况下贸然开舱，新鲜空气灌入三甲舱，致使可燃气体与空气中的氧气混合达到爆炸条件，遇明火发生爆燃，造成火势蔓延、事故升级、损失扩大。

4. 烟台"渤海玛珠"轮火灾事故

2019年5月9日00时29分许，渤海轮渡集团管理的中国籍客滚船"渤海玛珠"轮在烟台开往大连途中，上层车辆舱载运的一甩挂车起火。在采取水喷淋、释放二氧化碳等措施后，船舶火情得到控制，船长为确保安全采取返航措施。靠岸后，525名乘客全部安全撤离。事故造成上层车辆舱、舱内部分车辆及所载货物受损，直接经济损失约480万元，未造成人员伤亡和海域环境污染，构成一般等级水上交通事故。

根据调查报告，"渤海玛珠"轮事故属于船舶外部输入性因素导致，因涉事车辆"鲁FX890挂"装载货物种类较多，装载位置不确定，且火灾烧损严重，无法确定具体起火货物及起火原因。此外，该起事故还存在相关企业货物安全检查制度不健全、货物检查不规范、安全检查技术手段不完善、扒车员扒车检查存在盲目性等问题。

（二）客滚船火灾事故特征分析

通过以上客滚船典型事故案例分析，不难看出，在国外客滚船事故中，船舶安全管理存在较多重大缺陷。我国自1999年

"大舜"轮海难事故以来,客滚船安全管理水平大幅提升,然而由近期客滚船事故原因看出,货物安检、事故应急处置等方面仍存在问题。

1. 安全管理不善导致事故多发

货物种类繁杂,隐患排查不足。客滚船载运车辆数量较多、货物种类繁杂,限于安检手段存在技术瓶颈、安检制度得不到严格落实,安检很难查出隐患。如导致"渤海玛珠"轮火灾的货车装载货物种类多达30多种,3次调查货物清单均无法核对准确,最终也未查明具体起火货物。"中华富强"轮安检员不了解碱性硅泥化学性质,未阻止该类货物上船。而Euroferry Olympia轮竟载有23吨腐蚀性危险物品,凸显该公司安全管理存在短板。

货舱含油气量高,增加火灾风险。客滚船上层建筑高,受风面积大,吃水相对较小,易产生横摇、纵摇和垂荡。车辆油箱内的油受扰动挥发,导致较为封闭的货舱内油气含量较高,在通风不足或温度较高时,容易引起火灾;此外,在恶劣天气时,一旦绑扎不到位,货物车辆发生移位互相擦碰,也容易因产生火星点、燃油气,引起火灾。

船舶安全管理存在缺陷,火灾隐患增加。部分客滚船的安全管理存在重大缺陷,如Euroferry Olympia轮存在人货不分离,货舱中的车辆放置过近,擅自关闭货舱通风装置、火灾警报装置等问题。"渤海玛珠"轮事故也暴露出在巡舱管理等方面需要改善。

船员安全意识不高,日常培训不到位。船员对船上安全隐患重视不足是导致客滚船事故高发的原因之一。如2019年9月8

日马绍尔群岛共和国客滚船 Golden Ray 号，因船东公司缺乏相关培训，大副对稳定性计算机系统的知识掌握不足，导致压载水错误压载、船舶倾覆。一系列情况都反映出船员安全意识、安全文化建设及日常安全培训的重要性。

2. 应急处置难度高导致后果加剧

火势蔓延快速。为方便装载车辆，客滚船每层货舱不设横舱壁，一般为全通甲板。一旦发生火灾，车辆轮胎、电瓶、油箱、气罐等极易发生爆炸，造成火势迅速蔓延，而且船内的楼梯间、电梯井、管道井、电缆井等竖井林立，通风管道纵横交错，极易产生烟囱效应，使火焰沿着竖井和通风管道迅速传播，进而危及全船。此外，客滚船封闭性强、内部结构复杂，一旦发生火灾，往往难以及时准确掌握起火点、起火物、火势等情况，加剧火灾失控速度。

火灾扑救困难。船舶货舱因车辆堆放密集、活动空间有限，难以迅速施展扑救。船舶空间大，固定灭火器很难在火灾初期将火势扑灭。火灾扑救方法选择难度大，部分货物不宜用水扑灭，需要采取封舱灌充二氧化碳的方法。在后续应急处置环节中，因滚装处聚集大量高温缺氧物资，盲目开舱可能引发轰燃和爆炸，如"中华富强"轮就是在未进行充分探火、未测量可燃气体浓度的情况下贸然开舱，导致船舶发生爆燃、事故升级。后期处置若贸然采取往机舱灌水防止燃油爆炸的措施，船舶可能因失衡导致翻沉，进而造成污染应急、船舶打捞等事故损失的扩大。

应急力量较弱。我国沿海普遍存在海上消防与专业应急救援力量不足、消拖两用船数量少等问题，尚不能满足海上火灾事故应急需求，特别是船舶消防专业应急力量亟待加强。《国务院办公厅关于加强水上搜救工作的通知》发布以来，水上搜救工作责任落实不到位、法规标准不健全、保障能力不适应等突出问题已有所好转，但信息资源共享、联动机制建立、科学处置决策、装备研发配备和新技术应用等方面仍有待推动。

3. 航运新业态给客滚船运输安全带来新挑战

锂电池海上运输安全应急问题。新能源车辆上的锂电池在受到挤压、摩擦等外力作用下，易发生内部自燃，在接触明火后易引起爆炸并迅速燃烧。其燃烧时内部温度能快速升至1200℃以上，远高于常温常压下汽油火焰的800℃。即便明火扑灭，电池内部的反应可能并未终止，存在复燃的可能性。随着新能源车的普及，锂电池运输的安全管理与应急处置应该引起从业者的高度重视。

甩挂车客滚运输安全应急问题。甩挂运输能大大提高运输车辆的周转使用效率、提高运输能力、降低成本，是符合生产力发展规律的先进运输组织方式，对节能减排，建设资源节约型、环境友好型社会意义重大。但是，甩挂车的特点也造成货主和甩挂车驾驶员不随船同行，一旦甩挂车辆所载货物自燃，无人及时提供货物理化性质及应急处置信息，并且因牵引车辆未在船上，无法及时将其牵引远离危险场所，其安全风险明显高于其他车辆。

（三）客滚船安全管理及火灾应急对策建议

基于以上客滚船火灾事故特点及经验教训，对我国客滚船的安全管理及应急提出如下建议。

1. 重视货物源头管理，以落实预防为主

货物托运人必须严格执行危险货物产生、储存、运输、利用、处置全过程的安全制度，将货物危害特性、运输要求、应急处置措施等告知承运人。道路运输企业、港口码头企业、船东企业及船舶等应严格落实客滚船安全运输相关规定，层层落实安全制度，加强货物验视管理，加强重点岗位人员的业务培训，提高危险品辨识能力，把好第一道关口，防止性质不明货物、危险货物进入滚装客运渠道。

2. 落实企业主体责任，减少船舶隐患

船舶装货应严格执行人车分离，禁止无关人员在船舶行驶过程中进入货舱。严格执行上船人员实名登记制度，杜绝人员、货物"偷渡"上船。船舶运输期间应保证货舱通风装置及火灾报警装置正常开启。定期检查确认船舶灭火装置。船舶货物应合理堆放，严格按照要求留出消防通道。加大对船舶货舱的巡查力度，合理安排巡视时间段及巡视路线，改善报警及通信装置，便于第一时间发现险情并及时处置。

3. 改善关键技术设备，确保应急及时

一是加强船岸界面应急衔接。客滚船车辆舱前后舱壁增加二氧化碳通岸应急接口，通过该接口实现与岸上二氧化碳槽罐车的快速对接，保证紧急情况下陆地二氧化碳能够快速补充。二是改善船舶火灾应急设备。强化船舶内部通信设备，确保船舶内部日常和应急通信畅通；完善船舶视频监控系统，确保在特殊情况下及时发现隐患；加装重要电缆防护罩，确保主要动力设备、关键性设备两套线路保障。

4. 强化船员培训教育，树立安全意识

建议培养航运公司的安全文化，提升船员培训管理水平，促进船员的职业素质持续提升，加强船员在运输安全、船舶设备操作、船舶应急处置方面的安全教育和培训演练。培树安全文化品牌等方式让水上交通安全牢牢根植在每一位水上交通运输从业者的血脉里。

5. 明确事故处置流程，共商科学决策

国内两次事故应急处置不同造成损失差异巨大，主要是对"开舱"的决策有所不同，Euroferry Olympia 轮事故也由"开舱"而导致再次复燃。因此，开舱一定要严格遵循严格的程序，经充分探火、测温、可燃气体分析检测，确认排除爆炸、复燃等风险，在现场指挥部、海事、应急消防、船方等多方签字确认后方可开舱。船舶应急处置中充分听取船长或船舶人员意见。船长熟悉船舶结构、船舶设备和船舶装载情况，在处置船舶火灾事故中可发挥重要作用。"渤海玛珠"轮和"中华富强"轮两起火灾事故现场处置过程证明，船长的前期处置是比较成功的，也是经得起检验的。

6. 提高海上应急能力，满足应急需求

各地方人民政府应进一步落实《国务院办公厅关于加强水上搜救工作的通知》相关要求，持续提升海上搜救能力；应加强海上火灾应急能力建设，编制"十四五"海上消防规划，建立海上消防调度指挥中心，加强消防船及海上消防救援装备配备。企业应健全火灾应急程序，针对有自燃风险的货物健全火灾消防应急流程；开展客滚船火灾事件人员疏散模拟，掌握不同情景下着火扩散过程，确定可用安全时间，分析火灾情况下人员疏散情况，提高人员疏散效率。船员应掌握扑灭电动车火灾与传统车火灾的不同方法，在发生火灾事故时，第一时间采取有针对性的灭火措施控制火势。

7. 加强锂电运输管理，重视特殊物质应急

建议加强对锂电池的运输管理和使用锂电池为能源的车辆的管理。在遇到载运锂电池的货车或新能源车辆登船时，应当严格检查车辆的船舶固定情况，同时要严格控制车辆间的安全距离，避免锂电池因受挤压变形而发生火灾。当有锂电池的货舱着火后，船长或航运公司应及时告知消防人员，谨慎开舱操作，避免火势复燃。

第三节 道路运输多车碰撞事故深度分析及对策思考[*]

近年来，我国道路运输重特大事故虽得到有效管控，安全生产形势持续好转，但局部地区、个别时段险情不断、事故多发，特别是近期接连发生多起道路运输多车碰撞事故，安全形势依然严峻。道路运输多车碰撞事故作为发生频率较高的道路运输突发事件，常导致严重的人员伤亡、车辆损毁、道路破坏和通行阻断，其危害性、破坏性和经济损失远超普通道路交通事故，需要加强多车碰撞风险防控与事故应急处置能力建设，提高道路运输系统安全韧性，有效遏制道路运输多车碰撞事故多发态势，推进事故应急管理体系和能力现代化，切实保障人民群众生命财产安全。

---

[*] 交通运输部公路科学研究院汽车运输研究中心周炜、姜慧夫。

（一）道路运输事故新形态研判与分析

当前我国道路运输行业安全形势持续向好，事故总量连年下降。但出于我国地形条件复杂、极端天气多发等原因，车辆制动失效、驾驶员视线受阻等情况易出现，导致道路运输多车碰撞事故长期处于"高位波动"状态，并呈现以下特点。

一是事故占比大。根据国家和各省（区、市）安全生产监督管理局公布的道路交通事故数据，2013~2021年发生的97起重特大道路交通事故中，多车事故多达45起。2022年来，湖南长沙、山西大同、江苏扬州、河南南阳、甘肃张掖等地已发生多起10车以上碰撞事故，经济与社会影响巨大。

二是损害程度重。道路运输车辆在事故中遭受连续的强力撞击，易导致车辆严重损毁、人员伤亡被困。以西北地区为例，道路运输多车碰撞事故所造成的人员死亡约占事故死亡总数的71%，涉及的车辆数约占事故车辆总数的95%。

三是持续时间长。我国道路运输多车碰撞事故形态多为追尾、侧面碰撞，事故车辆数可高达200辆以上，事故阻断与拥堵路段长度可达数公里至10余公里，事故持续时间主要集中在2~4小时，且持续时间6小时以上的较多。

四是增长趋势明显。当前我国道路交通出行需求持续增加，道路交通流量快速上涨，安全压力不断加大，多车碰撞事故发生频率增加，其中尤以高速公路为多车碰撞事故重灾区，公安部公布的高速公路交通事故数据显示，3辆车以上事故死亡已占24.4%。

（二）多车碰撞事故原因深度分析

道路运输多车碰撞事故原因主要包括以下四方面。

一是违规驾驶行为。驾驶员违规紧急变道，后车避让不及；驾驶员超速驾驶，未与前车保持安全距离，发生紧急情况不能及时制动；驾驶员在驾车过程中存在打电话、发短信、抽烟等分心驾驶行为，未能及时观察路面交通状况；驾驶员疲劳驾驶，以及酒驾、毒驾等，导致注意力下降，反应能力减弱。

二是车辆技术不良。车辆的制动系统、悬挂系统、轮胎等部件发生故障或失效，制动距离增加；车辆安全辅助系统如ABS、ESP等失效，车辆紧急避险或急转弯时易失控或侧翻；车轮螺栓断裂、螺母缺失导致轮胎脱落、车辆侧翻或击中后方车辆；车辆的照明设备故障或不良，影响驾驶员观察前方路况。

三是道路条件复杂。道路坑洼、积水、油污等不良路状，影响车辆制动性能；道路标志、标线不清晰或缺失，易导致驾驶员错判前方路况；道路限速不合理，驾驶员频繁调整车速；节假日等特殊时段，交通流量过大、交通拥堵、多种车型混行；隧道、上下坡、转弯、施工等路段视线不佳，道路骤窄，事故风险大。

四是自然环境不佳。地震、台风、山洪、滑坡、泥石流等灾害，导致车辆坠崖、落水、掩埋等事故；恶劣天气条件如雨、雪、霾、团雾、浮尘导致道路湿滑与视线不佳，车辆制动困难，驾驶员反应不及；夏季高温致使驾驶员头晕、恶心、疲劳、烦躁和发怒，机敏度和判断力下降。

（三）多车碰撞事故影响深度分析

道路运输多车事故严重程度及危害性远超普通道路交通事故，主要包括以下四个方面。

一是碰撞损失大。事故多发于高速公路、城市快速路、国省干线公路等路段，车流密、车型多、车速快，易导致大量车辆损毁堆积，甚至起火爆炸，造成群死群伤、道路通行长时间阻断。

二是责任划分难。事故现场混乱、痕迹复杂、勘验困难，难以清晰判定事故原因，无法准确划清事故责任。部分事故车辆损毁严重，难以开展车辆安全技术状况鉴定。

三是次生灾害多。车辆碰撞造成漏油、电路短路等问题，极易引发车辆起火燃烧。涉及危险货物运输车辆还可能发生容器、包装破损，导致危险货物泄漏引发起火爆炸、环境污染等问题。

四是救援难度大。事故车辆因变形严重导致车门难以开启，人员长时间被困车内。车流量大路段发生多车碰撞后交通拥堵严重，交通、消防、医护等救援力量难以及时到达事故现场施救。

（四）道路运输事故防控与应急处置建议

防范化解道路运输重大安全风险，加强事故应急处置体系与能力建设，切实维护人民群众生命财产安全和道路交通畅通，是交通运输部门责无旁贷的重要职责。因此，建议针对道路运输重大安全风险防控与事故应急处置，重点做好以下九方面工作。

一是提升道路运输安全保障科技水平。构建车路协同安全体系，加强路网、车辆运行安全监测预警和出行引导，强化重点区域、重点路段的多车碰撞事故风险管控；推动营运车辆全车型、全工况、全要素、全时空配备自动紧急制动系统（AEBS），避免或减轻多车碰撞事故的伤亡；探索应用道路运输车辆一键应急制动系统，保障失控车辆紧急制动避险。

二是加强安全风险监测与多源数据共享。加大对多车碰撞事故易发路段巡查巡视力度，及时发现和处理路面事故、拥堵、抛洒物异常情况；整合交通运输、公安交管、自然气象、应急管理、医疗卫生等部门数据资源，实现交通流量、道路拥堵、交通事故、恶劣天气、自然灾害、应急救援装备等信息共享，保障相关部门做好安全风险预警，协同高效处置各类突发情况。

三是强化风险信息发布与安全行车诱导。通过广播、电子信息牌、导航地图、可变情报板、新媒体等方式，构建安全风险信息发布体系，提醒驾驶员提前采取安全措施，降低多车碰撞事故发生风险；推动行车安全诱导装置及系统应用普及，实现重点区域、重点路段全覆盖，引导车辆在雾天、强降水、沙尘暴、烟雾等低能见度环境条件下安全通过风险隐患路段。

四是深化安全行车与应急技能宣传教育。开展道路交通安全宣传教育活动，倡议文明交通行为，传播交通安全知识等；加强驾驶员防御性驾驶技能、安全意识和法制观念的培训考核，提升驾驶员技能水平；强化道路交通安全宣教中心和道路运输安全警示教育基地建设应用，通过网络、影视传媒、虚拟现实等技术进行突发事件应急避险与事故应急处置救援技能培训。

五是开展道路安全风险隐患排查与治理。结合多车碰撞事故多发点段，排查道路限速"一刀切"、限速标准与设计速度偏差较大、现行指标低于标准要求、交通设施缺失或设置不规范、交通组织不合理等突出问题，完善治理对策，开展改善效果评估；加强占道作业现场交通管制与警示，提升作业人员与社会车辆安全防护水平。

六是建立责任明确的应急抢通体制机制。构建响应快速、处置高效、协同顺畅的道路交通事故应急抢通体系，明确交通运输部门自身及配合其他部门的责任，保障事故现场救援通道快速打通和道路通行及时恢复；制定道路运输多车碰撞事故应急抢通方案，优化指挥决策流程及方法，完善专用技术装备保障体系，提升道路运输系统应对多车事故冲击的韧性。

七是完善重特大事故应急预案管理机制。建立健全跨区域、多层次的道路运输重特大事故应急处置预案建设，规范应急处置程序；规范应急预案评估方法和程序，加强预案动态管理，持续改进提升预案的科学性与可操作性；明确涉及危化品、新能源汽车等特殊情况的避险方法与处置要求等；细化预案操作手册，简化程序和流程，加强和规范信息报送及管理。

八是构建道路运输事故应急处置标准体系。建立涵盖风险评估、应急管理、设施建设、通信保障、抢通技术、标志标识、队伍建设、人员资质等方面的道路运输事故应急处置标准体系；完善道路运输抢通作业安全规程，明确安全防护装备选型与使用技术要求；强化应急抢通操作技能与培训标准，提高培训实战化水平，丰富培训内容及培训方式。

九是提高技术装备保障水平，加强队伍建设。加强道路运输事故应急处置平台与通信系统建设，强化跨部门系统间互联互通，实现监测预警、辅助决策、信息发布、资源管理、应急指挥等功能；加强应急基地建设，科学规划基地选址和机械设备购置，加大专业化特种抢通装备储备与安全防护装备应用；建立应急抢通虚拟演训系统，开展应急抢通人员的常态化技能培训、演练与考核。

第四节 "用科技守护生命"，打造"专常兼备、平战结合"的高机动道路抢通装备[*]

（一）引言

我国作为世界上受自然灾害威胁最严重的国家之一，人民生命安全与社会经济发展受到严重影响。交通运输是国民经济重要的基础性、服务性行业，既是自然灾害的受害者，又是抗灾防灾的先行官和重要保障，一方面，自然灾害造成道路交通基础设施损毁、运输阻断，对道路运输生产以及其他相关产业有巨大影响；另一方面，道路交通为自然灾害处置和救援提供保障条件。

---

[*] 交通运输部公路科学研究院汽车运输研究中心姜慧夫、周炜；徐工集团季传良。

当前，我国在道路抢通保通领域取得了长足发展与巨大成就，但由于我国地域辽阔，环境条件复杂多样，多种技术与装备存在适用性不足的问题。本章以工程机械清障在道路抢通救援中的应用为切入点，探讨技术装备发展现状，并提出未来的研究方向。

（二）现状问题分析

我国各种道路抢通体系、技术与装备多是在灾害发生以后才开始发展的，往往滞后于应急抢通的实际需求，制约了我国在各种自然灾害中的道路应急抢险攻坚能力，主要表现为如下方面。

1. 装备机动能力不足

传统工程机械机动性不足，需要依靠运输车辆载运至目的地，现有应急运力存在规划布局不完善、协调联动不顺畅、通行保障不联动、运力调度不及时等一系列问题，导致无法充分利用救援黄金72小时。

2. 装备品类功能单一

灾害现场情况复杂，频现空间受限、临水临崖、环境恶劣、操作困难等复杂危险环境，多种装备并行作业易出现空间干涉、工序冲突、二次事故易发等问题，严重影响道路抢通作业效率，亟须针对复杂环境提高抢通装备的"一专多能、专常兼备、高效切换"性能。

3. 装备安全保障不足

救援现场装备数量众多，环境复杂，次生灾害频发，存在较大的安全隐患，现有抢通装备安全配置落后，难以应对由环境复杂、负载变化、零部件故障等因素导致的二次事故，亟须提升装备危险状态监控辨识与安全防护水平，采用智能化监测预警与无人远程操作等技术手段实现对装备和操作人员的保护。

4."专常兼备、平战结合"落实不充分

一方面，道路抢通装备种类多、批量小，对企业的研发能力、制造能力，相比于其他产业要求更高。另一方面，各个储备单位面临的应急和平时施工工况又不同，造成"平战需求"不稳定、波动性大，研发"应急救援高机动、平时施工高效率"的抢通装备势在必行。

5.抢通装备自主创新力度不大

大型灾害现场救援装备"多国部队"化，有时难以协同作战，不能充分发挥救援作用，加之恶劣工况性能不稳定，易坏难修，难以胜任救援任务。

综上所述，道路抢通作业急需是专用技术装备，高度机动、方便灵活、安全可靠、一专多用、平急集合、标准规范是当前我国道路抢通救援技术装备的基本需求。

（三）国际技术装备研发趋势

从国际总体形势上看，道路应急抢通技术装备的发展趋势主要体现为如下方面。

1.智能化

能够有效提高作业效率，降低操作失误的可能性，确保安全。目前，我国在主动配置、动态调配、远距离操控及安全防控等方面的研发与国外存在差距。

2. 轻量化

通过降低人员携行或车辆载运负担，提高自走型装备或载运平台的机动性与通过性。目前，我国在新型材料、动力源和作业方式等方面的研发与国外存在差距。

3. 标准化

通过对应急能力建设、应急准备、应急响应、应急处置到应急恢复各个阶段的标准化管理，实现道路抢通技术装备的系统优化、协调统一以及持续改进。目前，我国在相关技术装备标准体系完整性方面与国外存在差距，部分领域标准繁多且领域间存在交叉重复现象。

4. 实用化

根据不同地区自然与社会环境特点，综合考虑人口、灾频、交通等因素，研发具备最佳抢通救援效能的技术与装备。目前，我国在技术装备的机动灵活性、性能稳定性、种类齐全性、操作简易性和修理方便性方面与国外存在差距。

（四）抢通技术装备研发建议

1. 鼓励高机动、成套化、智能化抢通装备的研发试制，加速示范应用

围绕救援黄金时间72小时，聚焦抢通装备自身机动性提升，建议平均时速大于等于90km，有战即动，一声令下，即刻投入抢险，避免或减少装备物流转运等环节，最大限度地提升组织效率。因此，应积极鼓励企业单位、教学科研机构加强产、学、研、用结合，建议选择大型国有工程机械企业，建立高机动道路抢通装备应用示范基地，提供相关支持，对新研发设备进行实际使用考核，促进装备的快速成熟。

2. 加强实战化研究和运用，提升基层应急处置能力

面对道路抢通多样性和复杂性的特点，部分抢通装备机动性差、功能单一、效率不高的难题，技术研发应秉承"高效实用化、多能模块化、标准系列化、远程智能化"的思路，针对实战训练和救援过程中存在的问题坚决改进，更加贴合实战要求。

3. 全方位升级装备安全技术，最大限度地保护救援人员

就目前抢通装备而言，各种安全配置高低不同，应按设计装备安全配置标准，强制配备，例如所有装备均需要标配防翻滚、防落物驾驶室；配备无线遥控盒视频监控系统；配备绞盘，用于自救及救援；高机动装备应配备 ABS、应急转向等功能，车身强度应远高于普通工程机械；带给驾驶人员更多保护。

4. 加大资金投入力度，提高企业研制"专常兼备、平战结合"装备的可持续性

在当前配备的装备当中，部分特种装备配发之后"出勤率"不高，被"束之高阁"，究其原因是平时的施工效率太低。这也对装备提出了"应急救援高机动、平时施工高效率"的要求。走一条应急救援装备专业化发展与工程机械通用装备协同发展相结合的"专常兼备、平战结合"道路，形成符合应急救援装备新的产品型谱势在必行。

5. 坚定自主创新，掌握技术话语权

当前市场，很多装备还是"多国部队"，装备的协同化、通用化不足，只有把核心技术掌握在手里，才能掌握竞争和发展的

主动权，建议积极培育一批技术水平高、服务能力强、拥有自主知识产权和品牌优势、具有国际竞争力的大型国有工程机械企业集团，突出典型示范引领。

（五）应急管理体系改进需求

1. 建立高机动道路抢通装备市场准入制度

现有的应急救援车辆都按照汽车的标准法规进行检测和市场准入的认证，高机动道路抢通装备一旦进入，会因其结构与功能，很难满足汽车的相关标准，无法获得市场准入，面临无法投入使用的困境。建议尽快出台高机动道路抢通装备相关市场准入制度，设置救援车辆公告、认证及号牌核发专用通道。

2. 畅通高机动道路抢通装备示范应用流程

由于缺乏新装备在推广应用前试用示范的体制和机制，企业需依靠自己的资源自行寻找试用的单位或部门。装备因其功能的特殊性，承接单位对装备的试用积极性普遍不高，没有使用端的积极使用并提出改进建议，装备研制改进的周期会大大延长，装备的适用性也难以验证。为推进新型应急救援装备快速完善应用，建议建立高机动道路抢通装备应用示范基地，对新研发的装备进行实际使用考核，促进装备快速成熟。

图书在版编目（CIP）数据

中国交通运输应急管理发展报告. 2023 / 潘凤明，陈轩主编.--北京：社会科学文献出版社，2024.4
ISBN 978-7-5228-3327-9

Ⅰ.①中… Ⅱ.①潘… ②陈… Ⅲ.①交通运输管理-危机管理-发展-研究报告-中国-2023 Ⅳ.
①F512.1

中国国家版本馆 CIP 数据核字（2024）第 050656 号

中国交通运输应急管理发展报告（2023）

主　　编 / 潘凤明　陈　轩
副 主 编 / 马晋欣　虞丽云　马　楠　毛延峰　赵明远

出 版 人 / 冀祥德
责任编辑 / 宋　静
责任印制 / 王京美

出　　版 / 社会科学文献出版社·皮书分社（010）59367127
　　　　　　地址：北京市北三环中路甲29号院华龙大厦　邮编：100029
　　　　　　网址：www.ssap.com.cn
发　　行 / 社会科学文献出版社（010）59367028
印　　装 / 北京联兴盛业印刷股份有限公司

规　　格 / 开　本：787mm×1092mm　1/16
　　　　　　印　张：14.5　字　数：153千字
版　　次 / 2024年4月第1版　2024年4月第1次印刷
书　　号 / ISBN 978-7-5228-3327-9
定　　价 / 98.00元

读者服务电话：4008918866

版权所有 翻印必究